NEGRO

Cruz e Sousa
NEGRO

Principis

Esta é uma publicação Principis, selo exclusivo da Ciranda Cultural
© 2023 Ciranda Cultural Editora e Distribuidora Ltda.

Texto
Cruz e Sousa

Editora
Michele de Souza Barbosa

Preparação
Walter Sagardoy

Revisão
Fernanda R. Braga Simon

Produção editorial
Ciranda Cultural

Diagramação
Linea Editora

Design de capa
Ana Dobón

Imagens
Oliver Denker/shutterstock.com

Ilustrações
Vicente Mendonça

Dados Internacionais de Catalogação na Publicação (CIP) de acordo com ISBD

S725n	Sousa, Cruz e.
	Negro / Cruz e Sousa. - Jandira, SP : Principis, 2023.
	128 p. ; 15,50cm x 22,60cm. - (Clássicos da literatura brasileira).
	ISBN: 978-65-5097-087-1
	1. Poesia. 2. Simbolismo. 3. Vestibular. 4. Escravidão 5. Relatos. 6. Preconceito. 7. Brasil. I. Título. II. Série.
2023-1323	CDD 869.91 CDU 821.134(81)-34

Elaborado por Lucio Feitosa - CRB-8/8803

Índice para catálogo sistemático:
1. Poesia 869.91
2. Poesia 821.134(81)-34

1ª edição em 2023
www.cirandacultural.com.br
Todos os direitos reservados.
Nenhuma parte desta publicação pode ser reproduzida, arquivada em sistema de busca ou transmitida por qualquer meio, seja ele eletrônico, fotocópia, gravação ou outros, sem prévia autorização do detentor dos direitos, e não pode circular encadernada ou encapada de maneira distinta daquela em que foi publicada, ou sem que as mesmas condições sejam impostas aos compradores subsequentes.

Esta obra reproduz costumes e comportamentos da época em que foi escrita.

Sumário

Escravocratas 8

Da senzala 9

Dilema 10

Auréola equatorial 11

25 de março 12

Eterno sonho 13

Rosa negra 14

Titãs negros 15

À pátria livre 16

Libertas 17

Entre luz e sombra 19

As devotas 22

Levantem esta bandeira 24

Grito de guerra 25

Olhos pretos 28

Crianças negras 29

Afra 33

Monja negra 34

Canção negra 39

Livre! 42

Cárcere das almas 43

Benditas cadeias! 44

Vinho negro 45

O assinalado 46

O padre 48

Abolicionismo 53

Histórias simples 55

Consciência tranquila 74

O abolicionismo 84

Tenebrosa 87

Dor negra 91

Asco e dor 93

Emparedado 98

À Sociedade Carnavalesca Diabo a Quatro 119

A Germano Wendhausen 121

A Virgílio Várzea 124

A Araújo Figueredo 126

Escravocratas

Oh! trânsfugas do bem que sob o manto régio
Manhosos, agachados – bem como um crocodilo,
Viveis sensualmente à luz dum privilégio
Na pose bestial dum cágado tranquilo.

Eu rio-me de vós e cravo-vos as setas
Ardentes do olhar – formando uma vergasta
Dos raios mil do sol, das iras dos poetas,
E vibro-vos à espinha – enquanto o grande basta

O basta gigantesco, imenso, extraordinário –
Da branca consciência – o rútilo sacrário
No tímpano do ouvido – audaz me não soar.

Eu quero em rude verso altivo adamastórico,
Vermelho, colossal, d'estrépito, gongórico,
Castrar-vos como um touro – ouvindo-vos urrar!

Negro

Da senzala...

De dentro da senzala escura e lamacenta
    Aonde o infeliz
De lágrimas em fel, de ódio se alimenta
    Tornando meretriz

A alma que ele tinha, ovante, imaculada
    Alegre e sem rancor,
Porém que foi aos poucos sendo transformada
    Aos vivos do estertor...

    De dentro da senzala
Aonde o crime é rei, e a dor – crânios abala
    Em ímpeto ferino;

    Não pode sair, não,
Um homem de trabalho, um senso, uma razão...
    E sim um assassino!

Cruz e Sousa

Dilema

Ao Cons. Luís Álvares dos Santos

    Vai-se acentuando,
Senhores da justiça – heróis da humanidade,
O verbo tricolor da confraternidade...
    E quando, em breve, quando

    Raiar o grande dia
Dos largos arrebóis – batendo o preconceito...
O dia da razão, da luz e do direito
    – solene trilogia –

    Quando a escravatura
Surgir da negra treva – em ondas singulares
    De luz serena e pura;

    Quando um poder novo
Nas almas derramar os místicos luares,
    Então seremos povo!

Negro

Auréola equatorial

A Teodoreto Souto

Fundi em bronze a estrofe augusta dos prodígios,
Poetas do Equador, artísticos Barnaves;
Que o facho – Abolição – rasgando as nuvens graves
De raios e bulcões – triunfa nos litígios!

– O rei Mamoud, o Sol, vibrou p'raquelas bandas
do Norte – a grande luz – elétrico, explodindo,
Assim como quem vai, intrépido, subindo
À luz da idade nova – em claras propagandas.

– Os pássaros titãs nos seus conciliábulos,
– Chilreiam, vão cantando em místicos vocábulos,
Alargam-se os pulmões nevrálgicos das zonas;

Abri alas, abri! – Que em túnica de assombros,
Irá passar por vós, com a Liberdade aos ombros,
Como um colosso enorme o impávido Amazonas!

Cruz e Sousa

25 de março

(Recife, 1885)
Em Pernambuco para o Ceará

A província do Ceará, sendo o berço de Alencar e Francisco Nascimento – o dragão do mar – é consequentemente a Mãe da literatura e a mãe da humanidade

Bem como uma cabeça inteiramente nua
De sonhos e pensar, de arroubos e de luzes,
O sol de surpreso esconde-se, recua,
Na órbita traçada – de fogo dos obuses.

Da enérgica batalha estoica do Direito
Desaba a escravatura – a lei cujos fossos
Se ergue a consciência – e a onda em mil destroços
Resvala e tomba e cai o branco preconceito.

E o Novo Continente, ao largo e grande esforço
De gerações de heróis – presentes pelo dorso
À rubra luz da glória – enquanto voa e zumbe.

O inseto do terror, a treva que amortalha,
As lágrimas do Rei e os bravos da canalha,
O velho escravagismo estéril que sucumbe.

Negro

Eterno sonho

> *Quelle est dom cette femme?*
> *Je ne comprendrai pas.*
>
> Félix Arvers

Talvez alguém estes meus versos lendo
Não entenda que amor neles palpita,
Nem que saudade trágica, infinita
Por dentro dele sempre está vivendo.

Talvez que ela não fique percebendo
A paixão que me enleva e que me agita,
Como de uma alma dolorosa, aflita
Que um sentimento vai desfalecendo.

E talvez que ela ao ler-me, com piedade,
Diga, a sorrir, num pouco de amizade,
Boa, gentil e carinhosa e franca:

– Ah! bem conheço o teu afeto triste…
E se em minha alma o mesmo não existe,
É que tens essa cor e é que eu sou branca!

Cruz e Sousa

Rosa negra

Nervosa Flor, carnívora, suprema,
Flor dos sonhos da Morte, Flor sombria,
Nos labirintos da tu'alma fria
Deixa que eu sofra, me debata e gema.

Do Dante o atroz, o tenebroso lema
Do Inferno a porta em trágica ironia,
Eu vejo, com terrível agonia,
Sobre o teu coração, torvo problema.

Flor do delírio, Flor do sangue estuoso
Que explode, porejando, caudaloso,
Das volúpias da carne nos gemidos.

Rosa negra da treva, Flor do nada,
Dá-me essa boca acídula, rasgada,
Que vale mais que os corações proibidos!

Titãs negros

Hirtas de Dor, nos áridos desertos,
Formidáveis fantasmas das Legendas,
Marcham além, sinistras e tremendas,
As caravanas, dentre os céus abertos...

Negros e nus, negros Titãs, cobertos
Das bocas vis das chagas vis e horrendas,
Marcham, caminham por estranhas sendas,
Passos vagos, sonâmbulos, incertos...

Passos incertos e os olhares tredos,
Na convulsão de trágicos segredos,
De agonias mortais, febres vorazes...

Têm o aspecto fatal das feras bravas
E o rir pungente das legiões escravas,
De dantescos e torvos Satanases!...

À pátria livre

Nem mais escravos e nem mais senhores!
Jesus desceu as regiões celestes,
Fez das sagradas, perfumosas vestes
Um sudário de luz pra tantas dores.

A terra toda rebentou em flores!
E onde havia só cardos e ciprestes,
Onde eram tristes solidões agrestes
Brotou a vida cheia de esplendores.

Então Jesus, que sempre em todo mundo
Quis ver o amor ser nobre e ser profundo,
Falou depois a escravas gerações:

– Homens! A natureza é apenas uma...
Se não existe distinção alguma,
Por que não se hão de unir os corações?!

Negro

Libertas

*Ao insigne dramaturgo e notável
publicista Arthur Rocha*

Em face da história, em face do direito,
Em face deste séc'lo que banha-se de luz,
Eu venho, recordando-vos o prólogo da cruz,
Trazer-vos a odisseia qu'irrompe-me do peito.

É feita de sorrisos, de prantos de crianças,
De cânticos de amor, de brandas alvoradas,
De coisas alvo-azuis, de nuvens iriadas,
De pérolas de luz, de rubras esperanças.

É feita de perfumes e brandos magnetismos,
De raios de luar e cândidos lirismos,
De auroras, de harmonias, de sol e de poder!

É feita de justiça, virtude e consciência,
De sãs convicções na máxima eminência:
Chama-se liberdade e é filha do dever!

Negro

Entre luz e sombra

Ao dia 7 de Setembro
Libertas Lux Dei!

Surge enfim o grande astro
Que se chama Liberdade!...
Dos séc'los na imensidade
Eterno perdurará!...
Como as dulias matutinas
Que reboam nas colinas,
Nas selvas esmeraldinas
Em honra ao celso Tupá!...

Eram só cinéreas nuvens
Os brasílios horizontes!
Curvadas todas as frontes
Caminhavam no descrer! –
As brisas nem murmuravam...
Os bosques nem soluçavam...
Os peitos nem se arroubavam...
– Estava tudo a morrer!...

Cruz e Sousa

De repente, o sol formoso
Vai as nuvens esgarçando.
As almas vão palpitando,
Cintilam magos clarões!...
E o índio fraco, indolente,
Fazendo esforço potente,
Dos pulsos quebra a corrente,
Biparte os acres grilhões!...

Por terra tomba gemendo
O vão, atroz servilismo...
Rui a dobrez no abismo...
Eis a verdade de pé!...
Enfim!... exclama o silvedo
Enfim!... lá diz quase a medo
Selvagem, nu Aimoré!...

Assim, brasílea coorte,
Falange excelsa de obreiros,
Soberbos, almos luzeiros
De nossa gleba gentil,
Quebrai os elos d'escravos
Que vivem tristes, ignavos,
Formando delas uns bravos
– P'ra glória mais do Brasil!...

Lançai a luz nesses crânios
Que vão nas trevas tombando
E ide assim preparando
Uns homens mais p'ro porvir!
Fazei dos pobres aflitos
Sem crenças, lares, proscritos,
Uns entes puros, benditos
Que saibam ver e sentir!...

Negro

Do carro azul do progresso
Fazei girar essa mola!
Prendei-os sim, – mas à escola
Matai-os sim, – mas na luz!
E então tereis trabalhado
O negro abismo sondado
E em nossos ombros levado
Ao seu destino essa cruz!!...

Fazei do gládio alavanca
E tudo ireis derribando;
Dormi, co'a pátria sonhando
E tudo a flux se erguerá!
E a funda treva cobarde,
Sentindo homérico alarde,
Embora mesmo que tarde,
Curvada assim fugirá!...

Enfim!... os vales soluçam
Enfim!... os mares rebramam
Enfim!... os prados exclamam
Já somos livre nação!!
Quebrou-se a estátua de gesso...
Enfim!... – mas não... estremeço,
Vacilo... caio, emudeço...
Enfim de tudo inda não!!...

As devotas

I

Enquanto o sino bimbalha,
Bimbalha, bimbalha e tine,
Lançai do olhar a migalha
– Enquanto o sino bimbalha –
À raça que se amortalha
No horror que não se define...
Enquanto o sino bimbalha
Bimbalha, bimbalha e tine.

II

Perto da Igreja a senzala,
O Cristo junto aos escravos
E, pois, deveis visitá-la,
Perto da Igreja, a senzala
E procurar transformá-la
Da luz às palmas, aos bravos!...
Perto da Igreja a senzala,
O Cristo junto aos escravos.

Negro

III

E tão somente por isto
Enquanto o sino bimbalha,
Bem antes de terdes visto
– E tão somente por isto –
Todo o martírio do Cristo,
O vosso amor que lhes valha,
E tão somente por isto,
Enquanto o sino bimbalha.

Cruz e Sousa

Levantem esta bandeira

Levantem esta bandeira
Da posição de farrapo;
Da terra azul brasileira
Levantem esta bandeira
Que sente o horror da esterqueira
Da escravidão – negro sapo.
Levantem esta bandeira
Da posição de farrapo.

Negro

Grito de guerra

Aos senhores que libertam escravos

Bem! A palavra dentro em vós escrita
Em colossais e rubros caracteres,
É valorosa, pródiga, infinita,
Tem proporções de claros rosicleres.

Como uma chuva olímpica de estrelas
Todas as vidas livres, fulgurosas,
Resplandecendo, – vós tereis de vê-las
Rolar, rolar nas vastidões gloriosas.

Basta do escravo, ao suplicante rogo,
Subindo acima das etéreas gazas,
Do sol da ideia no escaldante fogo,
Queimar, queimar as rutilantes asas.

Queimar nas chamas luminosas, francas
Embora o grito da matéria apague-as;
Porque afinal as consciências brancas
São imponentes como as grandes águias.

Basta na forja, no arsenal da ideia,
Fundir a ideia que mais bela achardes,
Como uma enorme e fúlgida Odisseia
Da humanidade aos imortais alardes.

Cruz e Sousa

Quem como vós principiou na festa
Da liberdade vitoriosa e grande,
Há de sentir no coração a orquestra
Do amor que como um bom luar se expande.

Vamos! São horas de rasgar das frontes
Os véus sangrentos das fatais desgraças
E encher da luz dos vastos horizontes
Todos os tristes corações das raças...

A mocidade é uma falena de ouro,
Dela é que irrompe o sol do bem mais puro:
Vamos! Erguei vosso ideal tão louro
Para remir o universal futuro...

O pensamento é como o mar – rebenta,
Ferve, combate – herculeamente enorme
E como o mar na maior febre aumenta,
Trabalha, luta com furor – não dorme.

Abri portanto a agigantada leiva,
Quebrando a fundo os espectrais embargos,
Pois que entrareis, numa explosão de seiva,
Muito melhor nos panteões mais largos.

Vão desfilando como azuis coortes
De aves alegres nas esferas calmas,
Na atmosfera espiritual dos fortes,
Os aguerridos batalhões das almas.

Quem vai da sombra para a luz partindo
Quanta amargura foi talvez deixando
Pelas estradas da existência – rindo
Fora – mas dentro, que ilusões chorando.

Negro

Da treva o escuro e aprofundado abismo
Enchei, fartai de essenciais auroras,
E o americano e fértil organismo
De retumbantes vibrações sonoras.

Fecundos germens racionais produzam
Nessas cabeças, claridões de maios...
Cruzem-se em vós – como também se cruzam
Raios e raios na amplidão dos raios.

Os britadores sociais e rudes
Da luz vital às bélicas trombetas,
Hão de formar de todas as virtudes
As seculares, brônzeas picaretas.

Para que o mal nos antros se contorça
Ante o pensar que o sangue vos abala,
Para subir – é necessário – é força
Descer primeiro a noite da senzala.

Cruz e Sousa

Olhos pretos

Olhos pretos, sonhadores,
Ó celeste Carolina,
Como são esmagadores
Olhos pretos sonhadores,
Como vibram dos amores
A noss'alma cristalina,
Olhos pretos, sonhadores,
Ó celeste Carolina.

Negro

Crianças negras

Em cada verso um coração pulsando,
Sóis flamejando em cada verso, e a rima
Cheia de pássaros azuis cantando,
Desenrolada como um céu por cima.

Trompas sonoras de tritões marinhos
Das ondas glaucas na amplidão sopradas
E a rumorosa música dos ninhos
Nos damascos reais das alvoradas.

Fulvos leões do altivo pensamento
Galgando da era a soberana rocha,
No espaço o outro leão do sol sangrento
Que como um cardo em fogo desabrocha.

A canção de cristal dos grandes rios
Sonorizando os florestais profundos,
A terra com seus cânticos sombrios,
O firmamento gerador de mundos.

Tudo, como panóplia sempre cheia
Das espadas dos aços rutilantes,
Eu quisera trazer preso à cadeia
De serenas estrofes triunfantes.

Cruz e Sousa

Preso à cadeia das estrofes que amam,
Que choram lágrimas de amor por tudo,
Que, como estrelas, vagas se derramam
Num sentimento doloroso e mudo.

Preso à cadeia das estrofes quentes
Como uma forja em labareda acesa,
Para cantar as épicas, frementes
Tragédias colossais da Natureza.

Para cantar a angústia das crianças!
Não das crianças de cor de oiro e rosa,
Mas dessas que o vergel das esperanças
Viram secar, na idade luminosa.

Das crianças que vêm da negra noite,
Dum leite de venenos e de treva,
Dentre os dantescos círculos do açoite,
Filhas malditas da desgraça de Eva.

E que ouvem pelos séculos afora
O carrilhão da morte que regela,
A ironia das aves rindo à aurora
E a boca aberta em uivos da procela.

Das crianças vergônteas dos escravos,
Desamparadas, sobre o caos, à toa
E a cujo pranto, de mil peitos bravos,
A harpa das emoções palpita e soa.

Negro

Ó bronze feito carne e nervos, dentro
Do peito, como em jaulas soberanas,
Ó coração! és o supremo centro
Das avalanches das paixões humanas.

Como um clarim a gargalhada vibras,
Vibras também eternamente o pranto
E dentre o riso e o pranto te equilibras
De forma tal que a tudo dás encanto.

És tu que à piedade vens descendo.
Como quem desce do alto das estrelas
E a púrpura do amor vais estendendo
Sobre as crianças, para protegê-las.

És tu que cresces como o oceano, e cresces
Até encher a curva dos espaços
E que lá, coração, lá resplandeces
E todo te abres em maternos braços.

Te abres em largos braços protetores,
Em braços de carinho que as amparam,
A elas, crianças, tenebrosas flores,
Tórridas urzes que petrificaram.

As pequeninas, tristes criaturas
Ei-las, caminham por desertos vagos,
Sob o aguilhão de todas as torturas,
Na sede atroz de todos os afagos.

Cruz e Sousa

Vai, coração! na imensa cordilheira
Da Dor, florindo como um loiro fruto
Partindo toda a horrível gargalheira
Da chorosa falange cor do luto.

As crianças negras, vermes da matéria,
Colhidas do suplício à estranha rede,
Arranca-as do presídio da miséria
E com teu sangue mata-lhes a sede!

Afra

Ressurges dos mistérios da luxúria,
Afra, tentada pelos verdes pomos,
Entre os silfos magnéticos e os gnomos
Maravilhosos da paixão purpúrea.

Carne explosiva em pólvoras e fúria
De desejos pagãos, por entre assomos
Da virgindade – casquinantes momos
Rindo da carne já votada à incúria.

Votada cedo ao lânguido abandono,
Aos mórbidos delíquios como ao sono,
Do gozo haurindo os venenosos sucos.

Sonho-te a deusa das lascivas pompas,
A proclamar, impávida, por trompas,
Amores mais estéreis que os eunucos!

Cruz e Sousa

Monja negra

É teu esse espaço, é teu todo o Infinito,
Transcendente Visão das lágrimas nascida,
Bendito o teu sentir, para sempre bendito
Todo o teu divagar na Esfera indefinida!

Através de teu luto as estrelas meditam
Maravilhosamente e vaporosamente;
Como olhos celestiais dos Arcanjos nos fitam
Lá do fundo negror do teu luto plangente.

Almas sem rumo já, corações sem destino
Vão em busca de ti, por vastidões incertas...
E no teu sonho astral, mago e luciferino,
Encontram para o amor grandes portas abertas.

Cândida Flor que aroma e tudo purifica,
Trazes sempre contigo as sutis virgindades
E uma caudal preciosa, interminável, rica,
De raras sugestões e curiosidades.

As belezas do mito, as grinaldas de louro,
Os priscos ouropéis, os símbolos já vagos,
Tudo forma o painel de um velho fundo de ouro
De onde surges enfim como as visões dos lagos.

Certa graça cristã, certo excelso abandono
Deusa que emigrou de regiões de outrora,
Certo aéreo sentir de esquecimento e outono,
Trazem-te as emoções de quem medita e chora.

Negro

És o imenso crisol, és o crisol profundo
Onde se cristalizam todas as belezas,
És o néctar da Fé, de que eu melhor me inundo.
Ó néctar divinal das místicas purezas.

Ó Monja soluçante! Ó Monja soluçante,
Ó Monja do Perdão, da paz e da clemência,
Leva para bem longe este Desejo errante,
Desta febre letal toda secreta essência.

Nos teus golfos de Além, nos lagos taciturnos,
Nos pélagos sem fim, vorazes e medonhos,
Abafa para sempre os soluços noturnos,
E as dilacerações dos formidáveis Sonhos!

Não sei que Anjo fatal, que Satã fugitivo,
Que gênios infernais, magnéticos, sombrios,
Deram-te as amplidões e o sentimento vivo
Do mistério com todos os seus calafrios...

A lua vem te dar mais trágica amargura,
E mais desolação e mais melancolia,
E as estrelas, do céu na Eucaristia pura,
Têm a mágoa velada da Virgem Maria.

Ah! Noite original, noite desconsolada,
Monja da solidão, espiritual e augusta,
Onde fica o teu reino, a região vedada,
A região secreta, a região vetusta?!

Almas dos que não têm o Refúgio supremo
De altas contemplações, dos mais altos mistérios,
Vinde sentir da Noite o Isolamento extremo,
Os fluidos imortais, angelicais, etéreos.

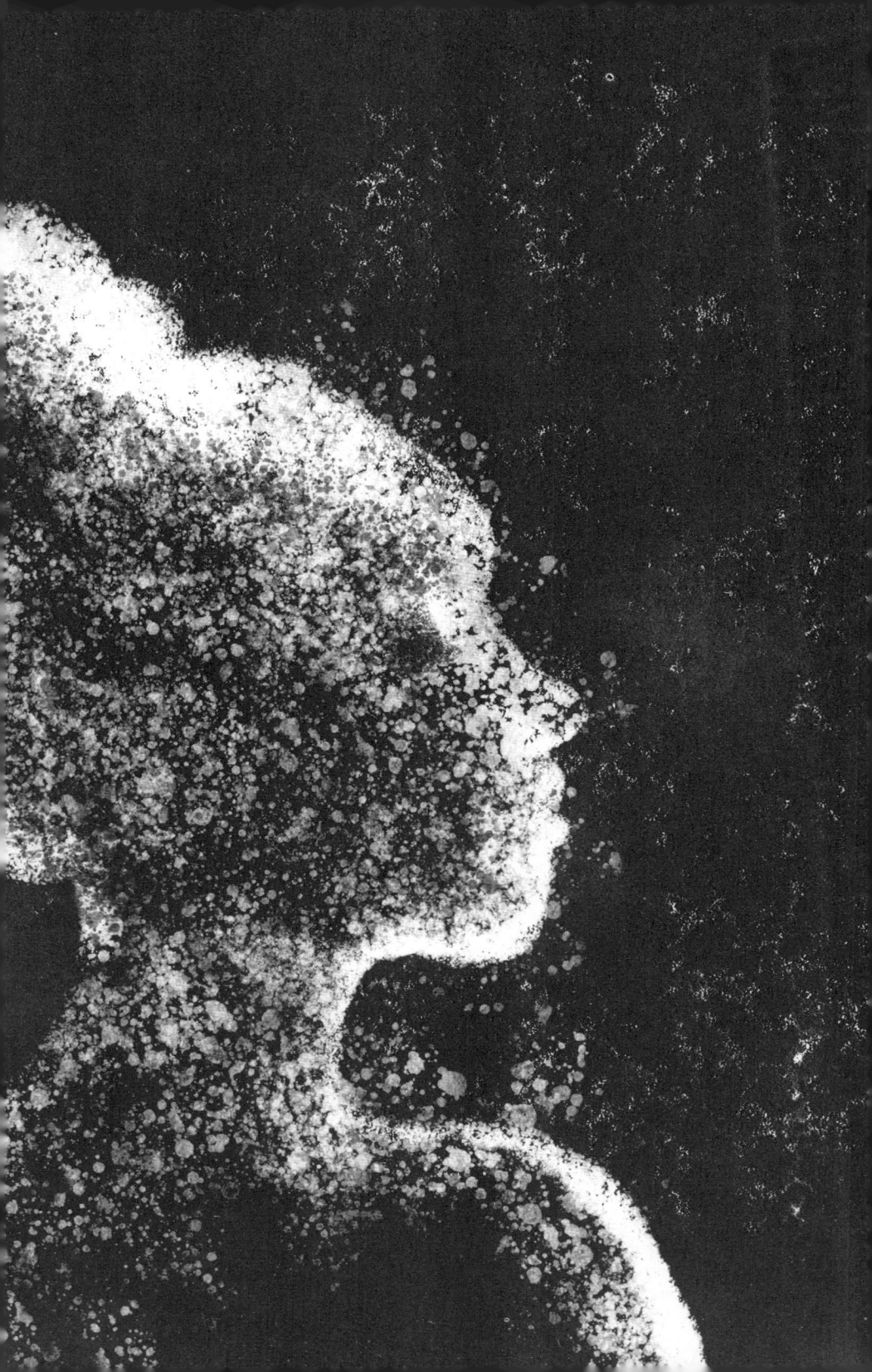

Negro

Vinde ver como são mais castos e mais belos,
Mais puros que os do dia os noturnos vapores:
Por toda a parte no ar levantam-se castelos
E nos parques do céu há quermesses de amores.

Volúpias, seduções, encantos feiticeiros
Andam a embalsamar teu seio tenebroso
E as águias da Ilusão, de voos altaneiros,
Crivam de asas triunfais o horizonte onduloso.

Cavaleiros do Ideal, de erguida lança em riste,
Sonham, a percorrer teus velhos Paços cavos...
E esse nobre esplendor de majestade triste
Recebe outros lauréis mais bizarros e bravos.

Convulsivas paixões, convulsivas nevroses,
Recordações senis nos teus aspectos vagam,
Mil alucinações, mortas apoteoses
E mil filtros sutis que mornamente embriagam.

Ó grande Monja negra e transfiguradora,
Magia sem igual dos páramos eternos,
Quem assim te criou, selvagem Sonhadora,
Da carícia de céus e do negror d'infernos?

Quem auréolas te deu assim miraculosas
E todo o estranho assombro e todo o estranho medo,
Quem pôs na tua treva ondulações nervosas,
E mudez e silêncio e sombras e segredo?

Mas ah! quanto consolo andar errando, errando,
Perdido no teu Bem, perdido nos teus braços,
Nos noivados da Morte andar além sonhando,
Na unção sacramental dos teus negros Espaços!

Cruz e Sousa

Que glorioso troféu andar assim perdido
Na larga vastidão do mudo firmamento,
Na noite virginal ocultamente ungido,
Nas transfigurações do humano sentimento!

Faz descer sobre mim os brandos véus da calma,
Sinfonia da Dor, ó Sinfonia muda,
Voz de todo o meu Sonho, ó noiva da minh'alma,
Fantasma inspirador das Religiões de Buda.

Ó negra Monja triste, ó grande Soberana,
Tentadora Visão que me seduzes tanto,
Abençoa meu ser no teu doce Nirvana,
No teu Sepulcro ideal de desolado encanto!

Hóstia negra e feral da comunhão dos mortos,
Noite criadora, mãe dos gnomos, dos vampiros,
Passageira senil dos encantados portos,
Ó cego sem bordão da torre dos suspiros...

Abençoa meu ser, unge-o dos óleos castos,
Enche-o de turbilhões de sonâmbulas aves,
Para eu me difundir nos teus Sacrários vastos,
Para me consolar com os teus Silêncios graves.

Negro

Canção negra

A Nestor Vitor

Ó boca em tromba retorcida
Cuspindo injúrias para o Céu,
Aberta e pútrida ferida
Em tudo pondo igual labéu.

Ó boca em chamas, boca em chamas,
Da mais sinistra e negra voz,
Que clamas, clamas, clamas, clamas
Num cataclismo estranho, atroz.

Ó boca em chagas, boca em chagas,
Somente anátemas a rir,
De tantas pragas, tantas pragas
Em catadupas a rugir.

Ó bocas de uivos e pedradas,
Visão histérica do Mal,
Cortando como mil facadas
Dum golpe só, transcendental.

Sublime boca sem pecado,
Cuspindo embora a lama e o pus,
Tudo a deixar transfigurado,
O lodo a transformar em luz.

Cruz e Sousa

Boca de ventos inclementes
De universais revoluções,
Alevantando as hostes quentes,
Os sanguinários batalhões.

Abençoada a canção velha
Que os lábios teus cantam assim
Na tua face que se engelha,
Da cor de lívido marfim.

Parece a furna do Castigo
Jorrando pragas na canção,
A tua boca de mendigo
Tão tosco como o teu bordão.

Boca fatal de torvos trenos!
Da onipotência do bom Deus,
Louvados sejam tais venenos,
Purificantes como os teus!

Tudo precisa um ferro em brasa
Para este mundo transformar...
Nos teus Anátemas põe asa
E vai no mundo praguejar!

Ó boca ideal de rudes trovas,
Do mais sangrento resplendor,
Vai reflorir todas as covas,
O facho a erguer da luz do Amor.

Nas vãs misérias deste mundo
Dos exorcismos cospe o fel...
Que as tuas pragas rasguem fundo
O coração desta Babel.

Negro

Mendigo estranho! Em toda a parte
Vai com teus gritos, com teus ais,
Como o simbólico estandarte
Das tredas convulsões mortais!

Resume todos esses travos
Que a terra fazem languescer.
Das mãos e pés arranca os cravos
Das cruzes mil de cada Ser.

A terra é mãe! – mas ébria e louca
Tem germens bons e germens vis...
Bendita seja a negra boca
Que tão malditas coisas diz!

Cruz e Sousa

Livre!

Livre! Ser livre da matéria escrava,
Arrancar os grilhões que nos flagelam
E, livre, penetrar nos Dons que selam
A alma e lhe emprestam toda a etérea lava.

Livre da humana, da terrestre bava
Dos corações daninhos que regelam,
Quando os nossos sentidos se rebelam
Contra a Infâmia bifronte que deprava.

Livre! bem livre para andar mais puro,
Mais junto à Natureza e mais seguro
Do seu amor, de todas as justiças.

Livre! para sentir a Natureza,
Para gozar, na universal Grandeza,
Fecundas e arcangélicas preguiças.

Negro

Cárcere das almas

Ah! Toda a alma num cárcere anda presa,
Soluçando nas trevas, entre as grades
Do calabouço olhando imensidades,
Mares, estrelas, tardes, natureza.

Tudo se veste de uma igual grandeza
Quando a alma entre grilhões as liberdades
Sonha e, sonhando, as imortalidades
Rasga no etéreo o Espaço da Pureza.

Ó almas presas, mudas e fechadas
Nas prisões colossais e abandonadas,
Da Dor no calabouço atroz, funéreo!

Nesses silêncios solitários, graves,
que chaveiro do Céu possui as chaves
para abrir-vos as portas do Mistério?!

Benditas cadeias!

Quando vou pela Luz arrebatado,
Escravo dos mais puros sentimentos,
Levo secretos estremecimentos
Como quem entra em mágico Noivado.

Cerca-me o mundo mais transfigurado
Nesses sutis e cândidos momentos…
Meus olhos, minha boca vão sedentos
De luz, todo o meu ser iluminado.

Fico feliz por me sentir escravo
De um Encanto maior entre os Encantos,
Livre, na Culpa, do mais leve travo.

De ver minh'alma com tais sonhos, tantos,
E que por fim me purifico e lavo
Na água do mais consolador dos prantos!

Negro

Vinho negro

O vinho negro do imortal pecado
Envenenou nossas humanas veias
Como fascinações de atras sereias
E um inferno sinistro e perfumado.

O sangue canta, o sol maravilhado
Do nosso corpo, em ondas fartas, cheias,
Como que quer rasgar essas cadeias
Em que a carne o retém acorrentado.

E o sangue chama o vinho negro e quente
Do pecado letal, impenitente,
O vinho negro do pecado inquieto.

E tudo nesse vinho mais se apura,
Ganha outra graça, forma e formosura,
Grave beleza d'esplendor secreto.

O assinalado

Tu és o louco da imortal loucura,
Louco da loucura mais suprema.
A Terra é sempre a tua negra algema,
Prende-te nela a extrema Desventura.

Mas essa mesma algema de amargura,
Mas essa mesma Desventura extrema
Faz que tu'alma suplicando gema
E rebente em estrelas de ternura.

Tu és o Poeta, o grande Assinalado
Que povoas o mundo despovoado,
De belezas eternas, pouco a pouco…

Na Natureza prodigiosa e rica
Toda a audácia dos nervos justifica
Os teus espasmos imortais de louco!

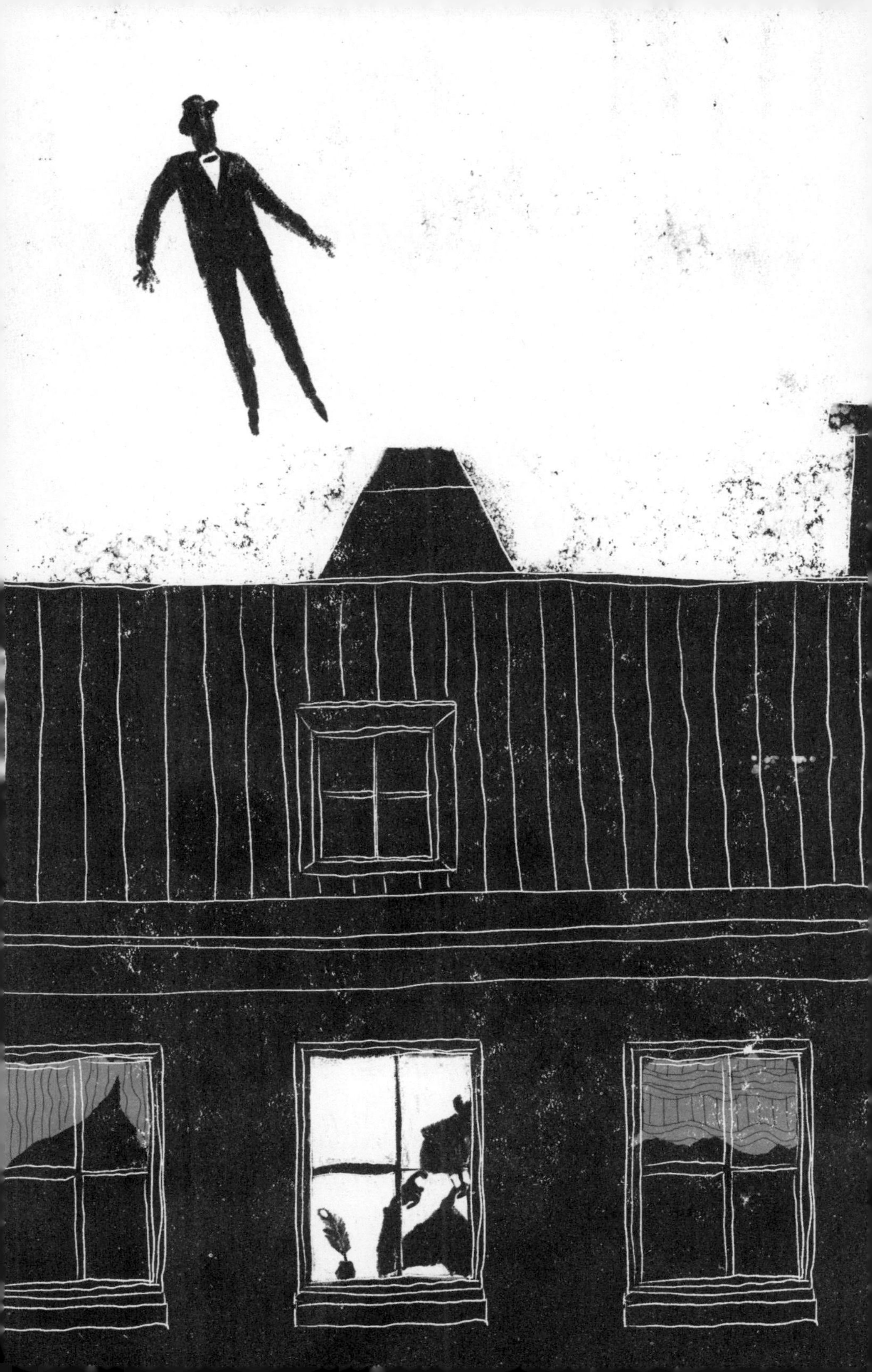

O padre

A João Lopes

Um padre escravocrata!... Horror!

Um padre, o apóstolo da Igreja, que deveria ser o arrimo dos que sofrem, o sacrário da bondade, o amparo da inocência, o atleta civilizador da cruz, a cornucópia do amor, das bênçãos imaculadas, o reflexo do Cristo...

Um padre que comunga, que bate nos peitos, religiosamente, automaticamente, que se confessa, que jejua, que reza o – *Orate fratres,* que prega os preceitos evangélicos, bradando aos que caem *surge et ambula.*

Um escravocrata de... batina e breviário... horror!...

Fazer da Igreja uma senzala, dos dogmas sacros leis de impiedade, da estola um vergalho, do missal um prostíbulo...

Um padre, amancebado com a treva, de espingarda a tiracolo como um pirata negreiro, de navalha em punho, como um garoto, para assassinar a consciência.

Um canibal que pega nos instintos e atira-os à vala comum da noite da matéria onde se revolvem as larvas esverdeadas e vítreas da podridão moral.

Um padre que benze-se e reza, instante a instante, que gagueja à frente do cadáver o aforismo de Horácio – *Hodie mihi cras tibi.*

Um padre que, deixando explodir todas as interjeições da ira, estigmatiza a abolição.

Ela há de fazer-se, malgrado os exorcismos crus dos padres escravocratas; depende de um esforço moral, e os esforços morais são, quase sempre, para a alta filosofia – mais do que os esforços físicos –, o fio condutor da restauração política de um país!...

Negro

O interesse egoístico de um indivíduo não pode prevalecer sobre o interesse coletivo de uma nação, disse-o um moço de alevantado talento, Artur Rocha.

Não é com a ênfase dogmática do didatismo ou com a fraseologia tecnológica dos cinzelados folhetins de Teófilo Gautier que o trabalho da abolição se fará.

Mas com a palavra educada, vibrante – essa palavra que fulmina – profunda, nova, salutar como as teorias de Darwin.

Com a palavra inflamável, com a palavra que é raio e dinamite, como o era na boca de Gambetta, a maior concretização do estupendo – depois do sol.

A palavra que ri... de indignação; um riso convulso... de réprobo, funambulesco... de jogral.

Um riso que atravessa séculos como o de Voltaire.

Um riso aberto, franco, eloquentemente sinistro.

O riso das trevas, na noite do calvário.

O riso de um inferno... dantesco.

Ouves, padre?...

Compreendes, sacerdote?...

Entendes, apóstolo?...

Então para que empunhas o chicote e vais vibrando, vibrando, sem compaixão, sem amor, sem te lembrares daquele olhar doce e aflitivo que tinha sobre a cruz o filho de Maria?...

O filho de Maria, sabes?!...

Aquele revolucionário do bem e aquele cordeiro manso, manso como um ósculo da alvorada nas grimpas da montanha, como o luar a se esbater num lago diamantino...

Lembras-te?!...

Era tão triste aquilo...

Não era padre, ó padre?!

Não havia naquela suprema angústia, naquela dor cruciante, naquela agonia espedaçadora, as mesmas contorções de uma cólica frenética, os mesmos arrancos informes de um escravo?...

Não compreendes que, se açoitares um mísero que for pai, uma desgraçada que for mãe, as bocas dos filhinhos, daquelas criancinhas negras, sintetizando o remorso, o aguilhão da tua consciência, se abrirão nuns gritos desoladores que, como uns bisturis envenenados, trespassar-te-ão as carnes?...

Não compreendes que de seus olhos, acostumados a paralisarem-se ante o terror, irromperão as lágrimas, esse líquido precioso das alminhas inocentes?!!

Pois tu, nunca choraste?!

Nunca sentiste os engasgos de um soluço saltarem-te pela garganta, quando te lembras de trocar as tuas magníficas *conquistas,* os teus manjares especiais, os teus licores dulçorosíssimos pela noite escura, muito escura, onde grasnam surdamente as aves da treva, onde Dante se acentua no *Lasciate ogni speranza,* onde os espíritos vis desaparecem, e os Homeros e Camões e Virgílios surgem e se levantam pelo braço hercúleo da posteridade, pelo fôlego intérmino e secular da História?

Nunca?!...

Sim, tu estás comigo, padre!...

Estás!...

És bondoso, eu sei, tens a alma tão serena e tão lúcida como uma imagem de N. S. da Conceição.

Eu sei disso!...

Olha, quando morreres – se é que morres –, irás de palmito e capela, na mudez dos justos e as virgens tímidas e cloróticas, entoando grave *De profundas,* murmurarão lacrimosas:

– Coitado, foi o pai carinhoso das donzelas...

Requiescat in pace!...

Que bonito será, não!...

E depois o céu!

Negro

Sim, porque tu irás para o céu!

Não crês no céu, padre?

Pois crê, esses filólogos mentem, têm princípios errôneos, e tu, padre, és um sábio...

Tu és bom...

Porém... por Deus, como é que vendes a Cristo como um quilo de carne verde no mercado?!...

Ah! É verdade, és muito pobre, andas com os sapatos rotos, não tens que comer e... és muito caridoso...

Mas, escuta, vem cá:

– Eu tenho também minhas fantasias; gosto de sonhar às vezes com o azul.

O Azul!...

Deslumbro-me quando o sol se atufa no oceano, espadanando os raios purpureados, como flechas de fogo, pela enormidade côncava do espaço; inebrio-me quando a natureza, com seu tropicalismo, ergue-se plena do banho de alvoradas, jorrando nos organismos de ouro o licor olímpico e santo do ideal, as músicas maviosíssimas e puras da inspiração, nos crânios estrelejados!...

Pois façamos uma coisa:

Eu escrevo um livro de versos que intitularei:

O ABUTRE DE BATINA

puros alexandrinos, todos iguais, corretos, com os acentos indispensáveis, com aquele *tic* da *sexta*, – tipo elzevir, papel melado – e ofereço-to, dou-to.

Prescindo dos meus direitos de autor e tu o assinas!...

Com os diabos, hás de ter influência no teu círculo.

Imprimes um milhão de exemplares, vende-os e assim terás das *loiras* para a tua subsistência, porque tu és paupérrimo, padre, e necessitas mesmo de dinheiro, porque tens família, muitos afilhados que te pedem a bênção e precisas dar-lhes no dia de teu santo nome um mimo qualquer.

Faz isso, mas... não te metas com o abolicionismo; é a ideia que se avigora.

Talvez digas, mastigando o teu latim:

– *Primo vivere deinde philosophare.*

Mas é porque tu és míope e os míopes não podem encarar o sol... Mas eu dou-te uns óculos, uns óculos feitos da mais fina pele dos negros que tu azorragas...

Pode ser que a influência animal da matéria excite o espírito e que tu... vejas.

Pode ser...

Há cegos de nascença que veem... pelos olhos da alma.

E se tu és padre e se tu és metafísico... deves ter alma...

Compreendes?...

Faz-se preciso que desapareçam os Torquemadas, os Arbues, maceradores da carne, como tu, padre.

Em vez de prédicas beatíficas, em vez de reverências hipócritas, proclama antes a insurreição...

Tens dentro de ti, bate-te no peito, nas palpitações da seiva, um coração que eu penso não ser um *músculo oco*. Uma piedade justa, que não desdoura, que não humilha; honesta como a intenção destes pontos e vírgulas, franca como a expansibilidade do aroma.

Vibra-o pois, fibra por fibra, se não queres que os meus ditirambos e sarcasmos, quentes, inflamados, como brasas, persigam-te eternamente, por toda a parte, no fundo de tua consciência, como uns outros medonhos Camilos de Zola; vibra-o se não queres que eu te estoure na cabeça um conto sinistro, negro, a Edgar Poe.

É tempo de zurzirmos os escravocratas no tronco do direito, a vergastadas de luz...

Seja-te as virtudes teologais, padre, – a liberdade, a igualdade e a fraternidade – maravilhosa trilogia do amor.

Unge-te nas claridões modernas e expansivas dessas três veias – artérias da verdadeira Filosofia Universal.

Negro

Abolicionismo

A escravatura – escrevia o *Correio Brasiliense* em Londres – é um mal para o indivíduo que a sofre e para o Estado onde ela se admite, lemos em *O Brasil e a Inglaterra ou o tráfico dos africanos*.

No intuito de esboroar, derruir a montanha negra da escravidão no Brasil, ergueram-se em toda a parte apóstolos decididos, patriotas sinceros que pregam o avançamento da luz redentora, isto é, a abolição completa.

O Ceará, que foi o berço da literatura que deu Alencar, quis também ser a cabeça libertadora da raça escrava deste país e, a golpes de direito e a vergastadas de clarões, conseguiu este Aleluia supremo:

Não há mais escravo no Ceará!

Não obstante o desenvolvimento gradual, acessivo da grande ideia da democracia sociocrática que prepara os homens, fá-los cidadãos para o trabalho moderno, educado por uma filosofia mais spenceriana, mais na razão do século evolucionador, aparece a lei do sr. Saraiva, desmentindo todo o brio patriótico, toda a dignidade cívica da nação do sr. Pedro Segundo.

Uma lei de fancaria, essa; uma lei que escraviza os escravos e documenta, com a morte, a liberdade dos mais velhos.

Uma lei que faria rir o próprio Voltaire, numa daquelas suas explosões tremendas de ironia fantástica e diabólica.

Entretanto, para organizar, por assim dizer, mais exata e mais verdadeira a ideia abolicionista nesta terra de Oliveira Paiva, *O moleque*, que sempre alargou todos os seus sentimentos altruístas pela causa da humanidade servil, que é a causa do futuro, começa a publicar hoje alguns fragmentos de uma brilhante conferência abolicionista do seu pujantíssimo redator, sobre esse assunto, feita na sala da redação da *Gazeta da Tarde* da Bahia.

Concluída que seja esta, publicará um discurso do mesmo, pronunciado no Teatro São João, por ocasião da libertação total do luminoso Ceará, e assim sucessivamente, *O moleque* prestará o seu humanitário auxílio para movimentar, de certa forma mais inteira, mais entusiasta, a abolição entre nós:

"Estamos em face de um acontecimento estupendo, cidadãos:

A abolição da escravatura no Brasil."

Neste momento, do alto desta tribuna, onde se tem derramado, em ondas de inspiração, o verbo vigoroso e másculo de diversos outros oradores, eu vou tentar vibrar nas vossas almas, cidadãos, no fundo de vossos corações irmanados na Abolição; eu vou apelar para vossas mães, para vossos filhos, para vossas esposas.

A Abolição, a grande obra do progresso, é uma torrente que se despenca; não há mais pôr-lhe embaraços à sua carreira vertiginosa.

As consciências compenetram-se dos seus altos deveres e caminham pela vereda da luz, pela vereda da Liberdade, Igualdade e Fraternidade, essa trilogia enorme, pregada pelo filósofo do Cristianismo e ampliada pelo autor dos – *Châtiments* – o velho Hugo.

Já é tempo, cidadãos, de empunharmos o archote incendiário das revoluções da ideia, e lançarmos a luz onde houver treva, o riso onde houver pranto, e abundância onde houver fome.

Basta de gargalhadas!

Este século, se tem rido muito, e se o riso é um cáustico para a dor física, é um veneno para a dor moral, e o século ri-se à porta da dor, ri-se como um Voltaire, ri-se como Polichinelo.

O riso, cidadãos, torna-se a síntese de todos os tempos.

Mas, há ocasiões em que se observam as palavras da Escritura: "Quem com ferro fere, com ferro será ferido".

E então, o riso, esse riso secular, que zombou da lágrima, levanta-se a favor dela e a seu turno convence, vinga-se também.

É aí que desaparecem, na noite da história, os Carlos I e Luís XVI, as Maria Antonieta e Rainha Isabel, é aí que desaparece o cetro, para dar lugar à República, a única forma de governo compatível com a dignidade humana, na frase de Assis Brasil, no seu belo livro *República Federal*.

Negro

Histórias simples

I
À IAIÁ

Vós sabeis, Iaiá, como o mar é indomável e mau.

O vosso admirável paizinho, uma gentil pessoinha fraca de nervos, impressionada e enjoada pelos grandes e fortes balanços do navio no mar alto, o vosso pai, quando volta de viagem, vos tem decerto contado as inclemências do oceano, as suas lutas, os seus uivos despedaçando-se e abrindo-se em diamantes de espuma no costado das embarcações. E ele tem um riso de alma contente para vós, porque se lembra do que haveríeis de sentir, do quanto o vosso histerismo se abalaria se o acompanhásseis, a ele já velho e doente, na costumada peregrinação sobre as águas que gemem saudades. Pois ouvi-me Iaiá: um belo dia, pacífico e doce, cheio talvez da doçura infinita do vosso olhar, pela hora calma e solene do meio-dia, um grupo de homens, pescadores, marinheiros, operários, trabalhadores de toda a casta, lutadores de toda a vida, fisionomias rudes e chãs, agrestes como as altas árvores selvagens, se ocupavam à beira de uma praia em observar qualquer coisa estranha e inexplicável.

O sol direito jorrando do alto como que apagava, pela força da luz, os traços ou as sombras carregadas e duras dos seus rostos. Mas, queridíssima Iaiá, um agrupamento de indivíduos em certos lugares e em certas ocasiões, influi, pelas circunstâncias de mistério de que se cerca, nas nossas naturezas ocidentais e brasileiras, ávidas de surpresa, de acontecimentos, de fantasmagoria. A indecisão de conhecer a verdade arrasta-nos, e nós lá vamos, sôfregos, ofegantes, impacientes, saber do ocorrido que tem para nós uma ardente e atormentadora tentação de pecado.

O caso era o seguinte:

Tinha dado a uma outra praia deserta e longínqua e fora transportado para aquela, até ser entregue à família que quem sabe se ele a teria, ou simplesmente atirado à implacável indiferença da terra, o cadáver de um homem, velho e negro, envolto numa noite física que parecia rir muito, com um riso aflitivo e trêmulo, em toda a extensão da pele do seu corpo. Era tragicamente lindo de ver-se, Iaiá, o seu cadáver sinistro mas calmo, mas sereno, como um deus terrível dos destinos, em cujos olhos vidrados e mudos o sol punha vivos reflexos luzidios.

....

Depois, interessante e amável e bela Iaiá, os boatos correram no cruzamento e, na acumulação dos tempos, e a história verdadeira do fato que abre luz nos assuntos da treva, veio dizer-nos que aquele desgraçado não era nada mais nada menos do que... um escravo que procurara, na desventura da vida, a liberdade da morte, no mar, no mesmo mar indomável e mal aberto à existência quase marítima do vosso pai.

II
À SINHÁ

Foi pelo inverno que se deu esta cena triste e lúgubre, Sinhá.

Tinha eu ido passar a invernada de Junho num dos nossos sítios tranquilos e modestos, cheios da placidez melancólica da vida humilde e serena, duma paz virginal, lá onde o verde da paisagem não é mais casto nem mais doce que as naturezas francas dos matutos.

No dia em que se deu o fato que vou relatar, chovera.

Miudinhas cintilações de diamantes, de prata, como vidro liquefeito, tremeluziam vivamente nos troncos e nos galhos das árvores. Havia então um ar de frescura, de purificação, de nitidez em toda a atmosfera e escala ascendente do verde, desde o verde-paris, claro e forte, até o verde-mar, o verde-bronze, mais cerrado e compacto.

Não sei se, naquele sítio de um aspecto pueril e dócil, poderia haver a invasão da maldade e do egoísmo do homem, Sinhá; mas sei entretanto que os meus olhos e que o meu coração, doídos e magoados, tiveram de presenciar isto: Um homem rude, de fisionomia cruel e trágica, apresentando todo o irracionalismo e temperamento animal explosivo, vergastava a duros golpes de relho, de pé atrás para retesar e dar toda a elasticidade e esgrima melhor ao músculo do braço, uma frágil mulher, escrava indefesa que não sei se ria ou chorava, se blasfemava ou suplicava, tanta era a descarga de impropérios que o terrível homem lhe rebentava as faces, como o estado de brusca excitação nervosa em que os meus sentimentos se achavam diante da mais ignóbil das cenas.

Oh! era brutal, não, Sinhá?...

A Sinhá é casada ou é solteira ou é viúva. Tem de cuidar do seu maridinho querido ou do seu vestido *creme* com rendas da Inglaterra para o baile do primo João que é seu noivo, ou tem de cuidar de chorar elegantemente o passado através do véu negro, rodeada talvez de filhitos louros que o defunto deixou; tem de pensar nestas feminilidades, nestas miudezas, nestes *chics* de mulher, nestes nadinhas bonitos e encantadores mas sempre criancis, mas sempre ingênuos; não tem a preocupação crua e material do outro sexo, os negócios, a vida prática, a responsabilidade da inteligência mais culta para dirigir nações, para fazer livros, para fazer leis. A Sinhá não tem, por isso, a rija couraça de aço da luta que põe na consciência de certos homens um terror obtuso e bronco pela moral, pelo caráter, pelo amor. E o amor é para a Sinhá, eu sei, o primeiro princípio da sabedoria feminina.

E mal sabe agora a Sinhá o que me ocorreu à ideia quando vi o caso que lhe contei: É que aquele desgraçado ente era uma mulher e vivia sob a pressão do chicote, num sítio afastado e pobre; e a Sinhá é uma mulher também e vive na cidade dos ricos, das luzes e dos rumores, sob a musical e harmoniosíssima influência de um piano de Érard que geme *scherzos* dolentes atravessados de um luar de amor ou de uma balada meiga e saudosa cantada por nereidas de voz de prata e lábios de aurora, numa barca, à flor de espuma do mar azul.

III
À NICOTA

Loura Nicota, venta muito lá fora. O leste frenético e convulsivo arrepia e desgrenha as árvores, fazendo hieróglifos de rugas trêmulas nas águas turvas dos rios. Não chove. Mas esse leste que zune, efusiva e zarguncho num desespero nevrótico de doido, zangaleando as vidraças, esse leste, loura Nicota, devasta tanto como as grandes chuvas copiosas que caem dos torvos ares elétricos. É noite, escura e erma; e alguns vultos que passam nela, encolhidos, esguios, a largos passos para casa, semelham duendes, antigos fantasmas das belas histórias patuscas contadas por nossas avós junto à fogueira crepitante e alegre das noites de São João.

Loura Nicota, venta muito lá fora; e tu estarás talvez dormindo e tu não sentirás o zum-rum do leste; dormirás no teu leito de alvas cobertas de renda, num quarto arejado, de papel escarlate com estrelinhas douradas, janelas para o nascente, sonhando, quem sabe, este sonho que tem o mesmo ar vago, inconsciente e o mesmo tom indeciso do vento. Sonhavas que eras escrava, pobre loura Nicota, que ias vendida para longe, para além, para onde tu não sabias. Haviam te amarrado os pés para não fugires. Tinhas no rosto um rasgão de sangue; e a tua fina pele delicada e cetinosa doía-se toda naquela crueldade imprudente. E tu gemias e tu choravas e tu suplicavas. Em vão tudo. Iam te levar para lá. Tu não sabias bem onde era lá, mas ias. O teu filho, porque tu tinhas um filho, gritava por ti, soluçava e tinha quase uns magoados e surdos ganidos de cãozinho amado e mimoso que o pé brutal de um estranho fere de rijo na pequenina pata dianteira.

Negro

E tu eras mãe, tinhas um filho, querias ficar ou levá-lo; mas lá estava o olhar imperioso de um sujeito de cara de pedra impassível e tredo, que te ordenava que seguisses sem ele. Era daí a instantes. Tinhas que embarcar. Lá estava o mar brasileiro, o mar latino a te chamar na coroa espumada das suas ondas onde o sol abria coruscações. Lá estavam as velas enfunadas dos barcos que se meneavam, as saliências rubras das boias, a nuvem branca e macia de algum cano de vapor a sair, os botes com a mastreação armada, de remos nas toleteiras, toda a paisagem marítima, fresca e saudável, desenrolada como um cosmorama diante dos teus olhos pisados do choro.

E tu embarcaste.

Nisto as névoas do teu sonho se desfizeram como se desfazem as neblinas da manhã destacando o dorso azulado das montanhas, e tu, impressionada, levemente comovida, fizeste-te a honra de chorar uma lagrimazinha, um diamante redondo que te tremia na asa rosada do nariz, como se tu foras a desventurada que, não em sonhos, mas em realidade, alguém houvesse escravizado e enviado a senhor estranho, da outra banda do mar, loura Nicota, fora da terra em que nasceste e na qual tivesses deixado um filho!

IV
À BILU

Vamos no trem, Bilu. A locomotiva corta as distâncias, de um fôlego, atravessando o ar cálido dos túneis, subindo e descendo montanhas, na grande coragem de ferro do seu ventre, pelo trilho em fora, aos guinchos da máquina que apita e expele ondas de fumaça adiante.

No carro em que eu vou, ao meu lado direito, um francesito de cabeça pelintra, louro e moço passeia o seu olhar viajado e latino pela fremente natureza que acordara com o dia.

As janelas do *wagon* estão abertas. Veem-se extensões de terreno agricultado, terras aradeadas e lavradas, pastagens, gado que muge, pinheirais imensos, um mar tremulante e verde de canas, despenhadeiros, grotas onde a água cai cascateando branca e cristalina, cumes de serras altas onde os ventos afiam, povoados, casarias brancas alinhando ao alto das encostas, rindo na luz clara da manhã, um idílio fresco de mulheres, de raparigas novas que levam cabras ao monte, cantando, todo um bucolismo e um lirismo campestre que o largo concerto wagneriano da floresta enche dos pomposos sons metálicos das aves que estridulam notas no espaço, voando.

O francesito louro, duma aparência fina de duque, com *toillete* leve de verão, assesta repetidas vezes o seu *lorgnon* para fora, para as amplidões de verdura e particularmente para mim. Eu indago de mim mesmo o que será. Ele retorna a acertar-me o vidro redondo, sem aro, apenas com uma pequenina argola de metal de onde pende uma delgada fita preta. Há uma atmosfera de curiosidade. Os viajantes interrogam-se com o olhar despindo os guarda-pós pela razão da calma que já vai no dia, um forte dia de verão. Mas o francesito não se pode conter e olha desta vez para mim num *seigneur* de admiração e de surpresa.

Eu não dou cavaco e faço não entender. Ele então levanta-se do seu posto, vem a mim e pergunta-me baixo, mas em louvável português, apontando para um vasto terreno onde uns homens negros, mais de cem, trabalhavam sob a ardente chama do faiscante sol abrasador. O que é aquilo, homens negros, trabalhando assim, ao sol, quase nus! Oh! São escravos brasileiros, respondi-lhe eu no mesmo tom. Então os brasileiros são escravos!... Eu disse-lhe que sim. Falei-lhe da França, mostrei-lhe os seus homens, Thiers, Gambetta, Michelet, os grandes patriotas, os belos corações do amor da igualitariedade humana. Toquei-lhe em Girardin. Teve uma comoçãozita nervosa. Riu-se. Disse mesmo, Girardin é o jornal, é o princípio, é a doutrina. Falei-lhe de Zola, de Gongourt, de Daudet, de Maupassant, de Mendés, de Richepin, de Rollinat.

Falei-lhe da Inglaterra. Olhou-me e disse: da Inglaterra só o *sportsman* e o *punch*, não o jornal, acrescentou com espírito, mas o *punch* feito com rum e conhaque, chamejante, de vivas chamas azuis e amarelas.

Negro

Compreendi. Mas ele voltou-me aos homens negros que trabalhavam. Eu então expliquei-lhe que eram escravos no eito, trabalhando sem cessar, desde o romper da aurora até a noite, quase nus, vivendo em senzalas, buracos escuros e subterrâneos onde não há ar e onde uma eterna umidade de terrenos palustres põe nos pulmões a mordente tarântula da tísica. Expliquei-lhe mais que não havia nas fazendas, como se chamavam os centros em que residem escravos, ordem de doenças, de agonias, de prazeres, de entusiasmos. Aqueles indivíduos cor de treva eram maquinados, dizia eu; tinham um cordel nos olhos, outro na boca, outro na cabeça, outro nas pernas, outro nas mãos. Quando o feitor queria que eles rissem puxava um cordel, quando queria que chorassem puxava outro, quando queria que pensassem puxava outro, quando queria que andassem puxava outro, quando queria que falassem puxava outro.

O francesito ria devagar e entredentes.

Depois, senhor, explicava-lhe ainda eu, não têm vontade própria para coisa alguma, comem os restos mal cheirosos de comidas de muitos dias, são separados brutalmente, os filhos de suas mães, as mães de seus filhos e, quando alguém intercede piedosamente por eles, há um personagem notável, Sua Majestade o feitor, que os amarra a troncos de árvores e lhe abre as carnes, a chicote, em fundas chagas de sangue.

E o francesito ria. E perguntava, de olhar aceso e indagador, com um sarcasmo agudo na ponta do nariz de celta: E a polícia?! Eu ria-me também, dizendo-lhe: Mas isso é lei, é muito legal tudo quanto explico ao senhor; pois se os donos de escravos têm até direito de propriedade! Eles compraram a mercadoria, compraram a carne, podem fazê-la apodrecer nas senzalas.

Nisto anuncia-se a estação a que eu me destinava e tive de separar-me do amável francês que ficou no trem; ia desembarcar mais adiante.

Porém ainda hoje, prezada Bilu, parece-me ver o francesito de cabeça pelintra, louro e moço, o francesito chamado *Ideal pátrio,* rir muito, rir ironicamente do país da luzida pessoa do D. Pedro II, assestando o seu pedaço de vidro redondo, na noite, numa careta diabólica, para os homens negros escravizados à vergonha da História.

V
À SANTA

Nós, adorada Santa, tu e eu somos livres, escravizados apenas pelo amor. Bom é agora, neste caso, que eu te conte umas coisas bonitas sobre liberdade e sobre escravidão. Escuta.

* * *

O nazareno Jesus, de maneiras singelas e cândidas, de voz persuasiva e penetrante, de palavra fácil e clara como a luz, representa o poderoso e grande princípio da moral dos povos. A sua vida, uma vida de piedade, de simplicidade e de amor, será, pelos tempos em fora, a filosofia abençoada da humanidade. Ele veio da Galileia, veio do povo hebreu, cheio de mistérios sagrados. O divino operário, o filho humilíssimo e calmo do carpinteiro José, tinha ao redor de si uma atmosfera de honestidade e de paz.

Os fracos, os pequenos, os tristes, os sofredores, os lacrimosos, todos ele cobria e aquecia do frio da desolação com o seu olhar bom como a sua doutrina, doce como o seu rosto e como os seus cabelos encrespados e lindos.

Deixai vir a mim os pequeninos, dizia ele. E as crianças dóceis e pobres aproximavam-se risonhas desse Cristo que era a esperança, que era a caridade, que era a crença e que era a fé.

Nunca fora sonhado outro céu mais largo e mais puro do que a alma cristã do Messias cuja vinda a profecia anunciara, pela voz dos sábios do Oriente, em letras de verdade e de luz.

Desde a Caldeia até a Síria a sua fama e o ar brando e simpático do seu tipo ressoavam, casta e sonorosamente, como uma música vinda dos astros; alastravam-se nos corações como eternos rosais que o sol fecunda e faz vigorizar. Cristo! Cristo! Cristo! Jesus! Jesus! Jesus! Assim iam de boca em boca estas sílabas, como preces, como ladainhas católico-romanas.

Quando ele aparecia era como uma aurora iluminando tudo. Abriam-se os casais e as almas para recebê-lo como para receber o dia. Paravam as gentes nas estradas, os betânios, os de Jafa, para vê-lo de perto e para ouvi-lo falar; ou sentavam-se junto às piscinas, ou debaixo dos sicômoros, ou à sombra das palmeiras deliciados pela sua frase nua e tosca onde havia tanta unção do bem, tanta humanidade, tanta fraternidade e grandeza.

E o Cristo tinha sempre diante de si, dos seus olhos meigos e ternos que sabiam ver longe e fundo, a humanidade triste e paciente que sofria e chorava na obscuridade da noite, lá, quem sabe onde, muito além, na pátria da miséria, longe da vida e bem perto da morte.

E ninguém diga que ele foi um revolucionário.

Ele foi um revolucionário se acaso o sol com a sua viva claridade pode fazer revolução nos vegetais. Não! Ele não foi petroleiro, não foi incendiário; transformava mas não revoltava. Como pensador, pensava; como pastor de almas, apascentava o seu rebanho.

Jesus era escravo do seu ideal, era escravo da sua religião, da sua igreja, do seu apostolado, da humanidade enfim; mas Jesus amava e queria, pelo amor, a liberdade dessa própria humanidade.

Uma bela mulher morena e pecadora lhe acendera uma chama tão veemente e tão nobre que Jesus se considerava um Deus, tanta era a altura do afeto que o santificava todo.

Jesus, escravo, queria ser livre também para o amor como a outra gente; queria amar muito, amar sempre, amar na eternidade; porque Jesus, como Deus, tinha essas consoladoras palavras, falava em eternidade, falava em céu. Queria a vida eterna e a alma imortal.

Madalena, que outra não era a sua amada, tinha pelo nazareno muito respeito e muita adoração. O amor entre eles dois era a liberdade. Mas a Judeia era a escravidão, a escravidão do princípio, de doutrina, de certa ordem de ideias práticas e puras da vida e que Jesus apregoava, esclarecia e exemplificava com as suas parábolas e com as suas prédicas.

Por isso a Judeia crucificou Jesus e por isso Jesus não fecundou o ser de Madalena; de sorte que não ficou sobre a terra homem nenhum tão profundamente e tão santamente imaculado e sereno como ele.

E essa mesma lenda da ressurreição que a Bíblia conta e que só poderia ser feita por filósofos evangelistas embriagados pelos eflúvios transcendentais do cristianismo, tal é o seu alcance, a sua natureza racional, nada mais que dizer senão que aquele que adora, protege e combate a liberdade, triunfa e ressuscita até da morte que é a única escravidão eterna, onde habita o verme; porque, se não ressuscita em matéria, ressuscita em espírito no coração de todas as eras.

* * *

Eis pois, aí tens, Santa, ó doce filha do meu amor, o que é liberdade e o que é escravidão!

VI
À BIBI

A Bibi foi criada desde pequenina com a sua escrava Maria. Maria é uma crioula muito viva, de olhos rasgados, raiados de sangue, acusando temperamento ardente e tresloucado. Nunca Bibi deixara Maria. Eram os "irmãos siameses", costumava afirmar com autoridade o senhor, o Castro, advogado, quando voltava dos clientes para a família.

Bibi era uma raparigota faísca, barulhenta, mexendo em tudo, algazarrenta, trepando aos *etagères* para brincar com os copos limpos e arrumados ali, derrubando de sobre o *guéridon* o elegante álbum de couro da Rússia com fecho de metal branco, alvoroçando as aves domésticas no quintal, amarrotando e quizilando as visitas com implicâncias, com ditos, com esquisitas comparações desastrosas. Porque afinal os pais faziam-lhe a vontade, deixavam-lhe o gênio à rédea solta, não lhe ralhavam, não viam aquilo. Demais, Bibi era o mimo da casa, a filha única, não queriam contrariá-la, coitadinha; também, era uma criança, diziam, tinha tanta graça.

E Maria e Bibi completavam-se. Nunca se via uma sem a outra.

Negro

Influenciada por Maria, Bibi fazia tudo. Maria mandava-a tirar às escondidas da sinhá velha um torrão de açúcar, Bibi tirava; Maria mandava tirar uma ave qualquer do quintal para fazer com as meninas da vizinhança um festejo de bonecas, Bibi tirava; Maria mandava tirar um vintém ou dois ou três ou quatro ou cinco, do resto das compras do dia, de sobre a mesa da sala de jantar, Bibi tirava. Ambas inclinadas ao mal desenvolviam-se no mesmo meio como uma planta enxertada na outra. E Bibi se tornava imprudente, de maus costumes, mentirosa e vingativa. Maria era a causa, Bibi o efeito.

Bibi ia fazer quinze anos. Tinha todos os predicados complementares da feminil idade verde: a excessiva vaidade, o amor pelos galanteios, o romantismo dos recitativos langorosos e sem metro acompanhados ao piano numa melopeia monótona e esfalfada; os passeios ao luar calmo e voluptuoso de tranças soltas pelas espáduas; os espetáculos de dramas sinistros impossíveis, os bailes, os romances manhosos e desenxabidos, de causar nevroses, vertigens, febres, um poucochinho de *spleen* pela virtude e de nostalgia pelo vício.

Pelas quinze primaveras de Bibi, dançara-se muito, fizera-se estilo palaciano nas salas do Castro. Ele e a mulher tinham o coração transbordando de entusiasmos paternos pela filha, como os convivas tinham as taças transbordando de *champagne rosé* e de *chambertin*, nos *hips* e nos *hurrahs*.

E as luzes das serpentinas crivando prismas faiscantes nos pingentes que tilintavam com o ruído das valsas dulçorosas que faziam palpitar os seios e gemer as sedas, descreviam hieróglifos de sonhos confusos, cheios de névoas, como castelos no ar, nas imaginações picadas de vinho e atordoadas naquela quente temperatura coreográfica.

Um dia Bibi teve um namorado. Soube-se que era pobre, os pais não queriam. A gente de Bibi também não era rica; mas afetava de modo luzente e discreto. Pobre de Bibi.

Que de choros, de agoniazinhas, de raivas naquela natureza fremente e desregrada... Que bater de pé!

Mas Bibi não perdera todos os recursos, tinha a sua íntima, a sua Maria.

Foi a ela, aconselhou-se com ela, abriu-se, disse-lhe tudo. Maria ouvia Bibi, reluzindo toda no ônix de sua cor.

Deu-lhe planos, conselhos, ensinou-a em coisas que sabia, de muito efeito.

Disse-lhe que escrevesse que ela levaria a carta e traria alguma que ele tivesse. Ficaram nisto.

Passados tempos soube-se que Bibi fugira com um palhaço e que Maria dissera ao vê-la partir:

– Tenho saudades dela mas não perdi no negócio. O meu plano valeu-me cinco notas de dez tostões, novinhas em folha. Muito bom aquele seu Chico palhaço!

* * *

Este interessante caso da outra Bibi de teu nome fez-me despertar no cérebro a ideia de que todas as Bibis como tu, criadas desde a infância com alguma escrava Maria, recebem os costumes e os instintos maus dessa própria Maria; porque o elemento escravo, pernicioso e fatal como é, contagia de vícios a família brasileira da qual tu, meiguíssima, boa e excepcional Bibi, puramente descendes.

VII
À NENÉM

Hoje é domingo, Neném. Celebra-se a Semana Santa.

Estamos na Ressurreição.

São cinco horas da manhã.

Na rua, há ainda um ar vago de alvorada que põe uma *guipure* de névoa nos aspectos variados da natureza. Entremos na igreja.

Na igreja, há também o mesmo ar vago trazido pela larga e polida vidraçaria do templo que se conserva aberta; ar com tudo menos vago talvez pela razão dos lustres acesos e da gala sagrada que enche de resplandecimentos e solenidades toda a extensa nave onde os fiéis rumorejam num crescendo de mar tormentoso e cavado.

O altar-mor está vistosamente ornado, rutilante, cheio de flores colocadas em jarros dourados, rodeado de grandes tocheiros que faíscam e reluzem com as suas chamas ensanguentadas e amarelas.

Lá em cima, até onde os olhos sobem mais, num trono de luzes, entre uma pesada cortina escarlate caída em pregas longas e fundas, vê-se o Cristo, ressuscitado e chagado, tendo numa das mãos um ramo verde.

Nos altares laterais, os santos parecem ainda possuir a auréola triunfal da aleluia de ontem e sorriem seraficamente, meigos, tanto os mártires como os gloriosos.

Pelo teto abobadado, como convém às construções de certos edifícios em consequência da acústica, da repercussão dos sons entre as harmonias melífluas, sentimentosas, ternas e docemente melancólicas dos violoncelos e das rabecas, das flautas e do harmonicorde que chora, pianíssimo, na majestade sagrada das suas notas, ecoam sonoramente as vozes que vêm do coro, beatíficas e sérias, entoando o *Kyrie eleison,* num misticismo de bandolins empíricos cujas cordas flébeis os ventos celestes fazem gemer e soluçar tremulante.

Os sacerdotes festivamente paramentados, com as suas capas lustrosas e relampejantes, verdes, encarnadas, brancas e roxas, bordadas a flores de ouro, de estolas pendidas no braço, ou com as sobrepelizes alvas e rendadas destacando forte na batina preta, curvam-se em genuflexões religiosas diante do altar-mor e, levantando-se depois com mesuras suaves e medidas, lê um deles a "sacra", em voz pouco alta: *In principio erat verbo et verbo,* etc., enquanto os acólitos, em linha e reverentes, agitam, fazem balançar cadenciada e ritmadamente os lavrados turíbulos de prata donde partem brancas e leves espirais de incenso.

E o cerimonial prossegue com toda a minudência escrupulosa do rito romano.

Mas a minha atenção prende-se agora a um vulto feminino ajoelhado para lá do cruzeiro.

Olha, não estás vendo, Neném, aquela senhora idosa, de cabelo repartido em bandós, de vestido preto e de amplo mantelete de vidrilhos, ali, perto da capela do santíssimo?

Bem que tu a conheces!

Repara bem como ela reza com devoção.

O longo rosário de padre-nossos e de ave-marias pende-lhe das mãos engelhadas e trêmulas que o reviram sempre de um lado para outro enquanto os seus lábios frouxos e desmaiados balbuciam com furor histérico intermináveis orações que falam de amor divino, da tentação da carne, do inferno e da glória eterna.

Em cada ruga profunda do seu rosto há um mistério, talvez um remorso, um crime talvez.

Ela mal pode ter-se de joelhos, as pernas fraqueiam-se-lhe, o seu tronco curva-se e curva-se mais como se se quisesse dobrar e partir; e no entanto essa senhora reza sempre, sem levantar os olhos para ninguém, nem para os santos, preocupada no seu mister beato e salvador, apenas olhando obliquamente, de soslaio, como uma pessoa vesga, de modo invejoso e cruel, para algum chapéu Pierrete, de rosas e clematites, colocado vitoriosamente, com um atrevimento e uma brejeirice e petulância *chic,* na cabeça grácil de alguma mulher bela e nova.

Oh! essa velha tem uma história lúgubre, Neném.

Ali onde a vês já está sem dúvida com cinco comunhões e seis confissões.

Vem todos os dias à igreja, muito cedo; às vezes ainda há crepúsculo matutino, confessar-se pelos seus grandes pecados e obter a absolvição e as indulgências do senhor padre.

Ah! ele que a confessa não tem culpa, não.

Não tem porque conhece certamente, embora o fumo espesso da teologia lhe tirasse ao espírito certa lucidez filosófica mais necessária, ele conhece como é feita toda essa manobra da religião, não a religião alegre, piedosa e consoladora do Cristo que eu e tu adoramos, Neném, mas a triste e pervertente religião hipócrita dos homens.

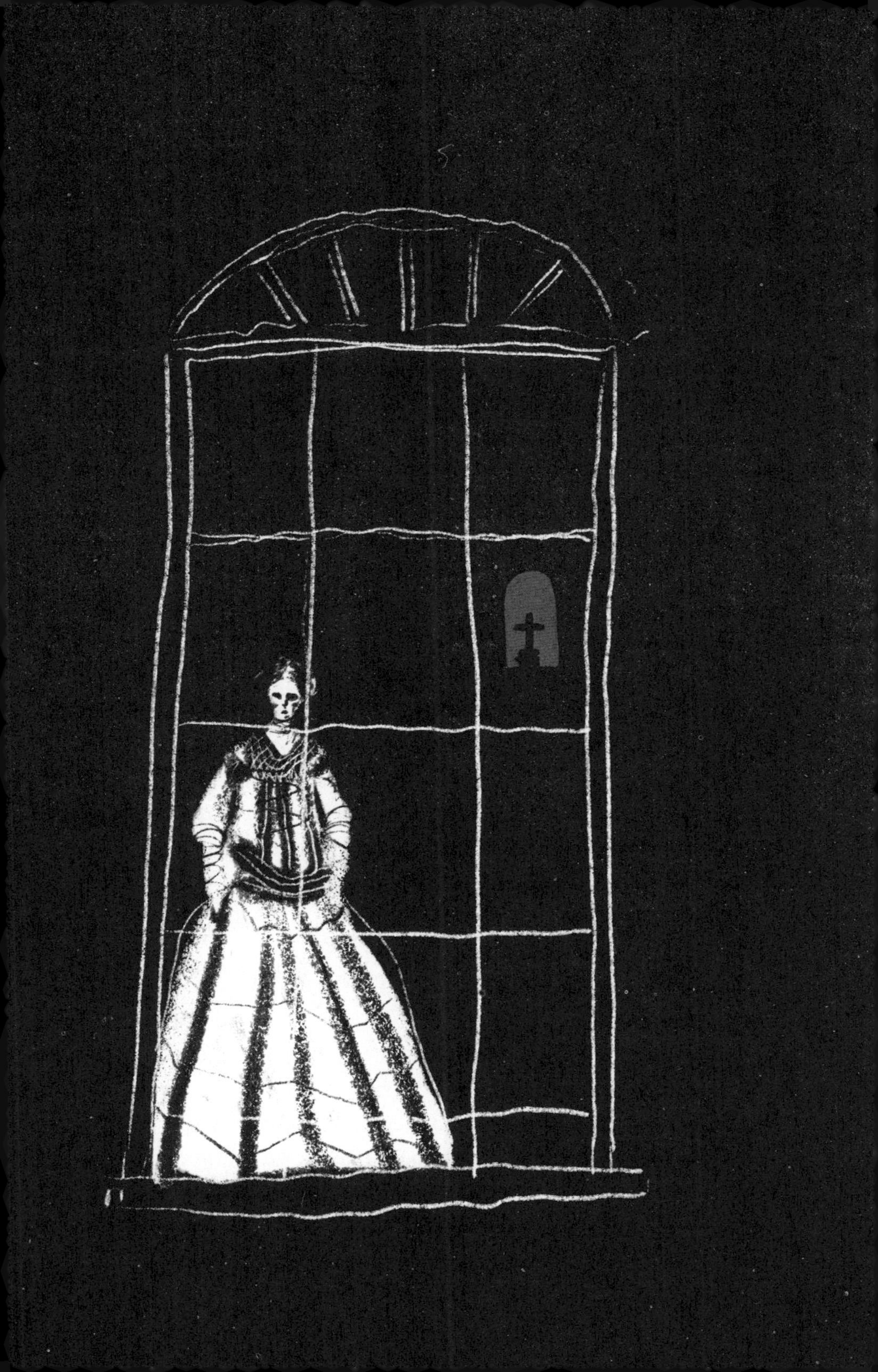

Cruz e Sousa

Neném, tu és uma moça de espírito, tocas muito bem Schubert e Verdi, tens uma paixão artística pelo *"sento una forza indomita"* do Guarani e pelos musicais esplendores gregos da Aída; teu pai, um capitalista grave e *lord*, de cheques ao portador, parecido com um certo nobre de teatro, educou-te muitíssimo bem, com capricho e dedicação mesmo; fez-te aprender o francês, o inglês, pôs às tuas ordens um magnífico professor de música vocal, mandou-te ensinar um pouco de geografia física, de geografia matemática, de geografia política e de história e creio mesmo que até chegou a conseguir que tu folheasses com atenção, por muitas vezes, um tratado de fisiologia e de patologia, porque o teu belo pai tinha um orgulho e um desejo extravagante e clássico de te fazer médica.

Até mesmo me afirmaram que certos folhetins que os periódicos literários publicam são escritos por ti, como "As borboletas", "Os ninhos de colibris", "Os querubins do lar", etc. com a maneira gentil de Valentina de Lucena, de Guiomar Torresão, de Júlia da Costa e sob o pseudônimo esbelto e aristocrático de – Rosália do Val.

Portanto, educada assim como és, inteligente e ponderosa, hás de saber por certo o que é um caso patológico.

Sabes, não é?

Pois essa velha é isso, é um caso patológico terrível que ainda o mais sábio homem de ciência não poderá estudar facilmente.

Essa velha tem a nevrose da maldade.

Ela é devota assim como tu vês, não é verdade?...

Mas se tu a visses em casa!

Em casa ela muda de figura, transforma-se, não é aquela que lá está, não é a mesma.

Todo aquele aparato de beatice some-se como numa mágica, pelo alçapão do cálculo e do interesse egoísta e fica só em cena, no tablado da sala, da varanda ou da cozinha, uma mulherzinha pantérica, sinistra e fatal que não é mais trêmula como a outra nem mais curvada também; mas uma mulher que se empertiga, que anda rápida e desembaraçada, falando forte, de relâmpagos na voz e com um olhar onde há o sangue dessorado e venenosa de muita raiva concentrada e de muita inveja dos outros.

Negro

Essa velha possui escravos que castiga atrozmente, de uma maneira desumana e brutal.

E, quando volta da igreja, com o ar ressabiado e hostil por ter ouvido repreensões ásperas do confessor que a conhece e que não lhe permite fazer todas as maldades e barbaridades que ela quer, a velha, despeitada por ele não estar sempre do seu lado, a seu favor naquele modo de vida, de mulher irascível e má, chama uma pobre escrava doente e encanecida pela idade e pelos sofrimentos e dá-lhe pela cara com um vergalho de couro molhado e passado em areia ou chega-lhe aos seios e às pernas um pedaço de lenha ardente em brasa, dizendo-lhe entre um riso satânico e feroz: Anda, negrinha, pula agora aí e lembra-te do pai Antônio que não te quis; também o padre não me quer mais a mim.

VIII
À ZEZÉ

Neste momento, Zezé, tenho sobre a mesa de escrita, diante dos olhos, um pequeno folheto cuja capa da frente forma o desenho sereno de uma nuvem prateada no meio da qual um bando alegre de serafins celestes, de crianças louras e rechonchudas voa com as suas asas rosadas, suspendendo no ar uma fita azul-clara que diz – *Lisboa-Creche*.

Lisboa-Creche é um jornal-miniatura, galantezinho, leve e acariciador como um ninho de ave, onde uma turba luminosa de indivíduos que escrevem deixou toda a cintilação do seu espírito doce e cantante como uma revoada zumbente de abelhas douradas.

Esmaltam a *Creche*, além dos escritos *mignons*, graciosíssimas aquarelazitas, espécie de cromos encantadores, das quais ressalta a *Tarantella*, interessante dança de costumes napolitanos, meridional e vibrante, ruidosa de primor e de graça, pintada com muito *chic* pelo pincel elegante e radioso de Bordallo Pinheiro, cheia de um sol de talento artístico como de um sol dos trópicos.

E para que se fez esse jornal miniatura?

Eu te digo.

Um dia, em Portugal, lá onde canta a cotovia "tão límpido, tão alto que parece que é a estrela no céu que está cantando", uma rainha amável e pia como o seu nome deu-se ao bom humor, lembrou-se de descer simpaticamente até o povo e abriu os seus braços fidalgos às crianças sem asilo e sem pão.

Porém, tantas e tão pobres eram elas que não bastariam por certo o socorro e o amparo de uma rainha, conquanto benévola e poderosa fosse, porque essa rainha não sustentaria, ela só, nos seus ombros débeis e delicados, o peso de tanta desventura e de tanta necessidade juntas.

Então agruparam-se em redor dela os artistas, os escritores, os poetas – todos eles floridos e frementes de ideias – contentes e gloriosos como se fossem desenterrar de cova do passado, com a enxada da fantasia, todas as lembranças queridas e saudosas da sua infância.

E daí nasceu, como homenagem à ideia da rainha, o *Lisboa-Creche*.

Bem vês, Zezé, que a intenção, que a razão principal desse jornalzinho não pode ser mais pura; é tão pura, tão casta e tão cândida mesmo como uma magnólia aberta, orvalhada ao luar.

Ocorre-me isto à memória, apraz-me narrar-te, conversar amigavelmente e fraternalmente contigo estas coisas porque sei que também tens um coração generoso como a rainha.

Tens sim.

E, para prova disso, basta olhar para as lindas chinelas de lã, bordadas a miçanga, que tu trabalhas com tanto gosto e orgulho.

As tuas mãos giram e tornam a girar o tapete de um para outro lado, esse tapete por ora tosco e simples, mas que há de ficar estrelado daqui a pouco dos fulguramentos da tua habilidade.

Os fios de lã caem de entre os teus dedos, flexivelmente, como fios de luz, enquanto o retrós colorido e fino, com tons de íris etéreo, confunde-se em meadas, cujo segredo da ponta só tu conheces, dentro da tua cesta de vime.

E para que fazes isso, Zezé?

Negro

Tu mesma nada me dirás, nada me responderás, nada me contará a tua boca, porque desejas conservar mistério nessas chinelas até um certo tempo, até o dia em que elas tiverem de levar o destino que tu imaginas e queres; mas, não obstante essa tua persistência em nada me revelares, eu sei de boa fonte, de fonte bem cristalina, sei do teu próprio coração que não mente nunca nem engana a ninguém, que tu caprichas nesse objeto porque tencionas dá-lo ao bazar a favor dos escravos e lá deve haver com certeza ricos objetos aprimorados, muito preciosos e muito lindos com os quais esse não poderia naturalmente competir jamais, se não fosse, como está sendo, trabalhado caprichosamente.

Cruz e Sousa

Consciência tranquila

O ilustre, o douto homem rico, o abastado e poderoso senhor de escravos está já, segundo a previsão do seu médico, quase às portas da morte.

Sobre o luxuoso leito largo, na alvura fria dos linhos, entre os gélidos silêncios das paredes altas, ele está mudo, semimorto, dormindo, como que se predispondo para o sono eterno.

No confortável aposento onde ele aguarda afinal o último suspiro, vai e vem, abafando os passos, toda uma sociedade de honrados bajuladores, de calculistas espertos e frios, de interessados argutos, de herdeiros capciosos, de tipos bisonhos e suspeitos, almas simplesmente consagradas ao instinto de conservação da vida no que ela tem de mais caviloso e oblíquo.

Graves e grandes, como bocejos lassos, como tédios esquecidos, os momentos do moribundo se prolongam e os comentários esfuziam e ferem, à surdina, o ar doentio, pesado...

– Não há dúvida que vamos perder um homem útil, prestimoso, eminente, carregado de saber e virtudes, bom e piedoso, ah! sobretudo bom e piedoso. Que coração de anjo para os humildes, para os tristes, para os fracos, para os desamparados. A sua bolsa, sempre inesgotável, dividia-se com todos. Verdadeiro apóstolo da caridade, da religião e da ciência, era um justo na acepção da palavra, de uma moral elevada até a santidade. Nunca esquecerei de como ele foi sempre generoso para essas raparigas miseráveis, gente baixa, que nem ao menos tem a vala comum para cair morta e que ele afinal protegia com a sua bolsa e arranjava-lhes noivos entre pobres-diabos da plebe, quando por acaso elas deixavam de ser virgens com ele... De muitas, de muitas sei eu que ele tornou felizes com o seu prestígio, dando-lhes casamento e dinheiro. Sim! Porque outro fosse ele, como esses bandidos que por aí andam, que deixariam as pobrezinhas ao desamparo e com filhos. Ele, não; casava-as logo e assim trazia felicidade aos casais que constituía. Muito, muito justo, sempre foi muito justo em tudo! Homem distinto! Homem distinto! Este é dos poucos que pode morrer com a sua consciência tranquila, perfeitamente tranquila!

Quem assim falava com esta ingênua malignidade, com esta nova, inédita inocência, com esta terrível e eloquente ironia, por si próprio, no entanto, desconhecida, era um homem de olhos ladinos e gestos sacudidos, próspero, rubicundo, expressão loquaz de ave rapace, nariz ativo, espécie sagaz de furão de negócios, parecendo estar sempre ocupado em absorver e conhecer pela atilada pituitária o ar das coisas e dos interesses imediatos.

Num dos dedos da sua mão ágil, pronta, precisa para o assalto à vida, com a medida exata dos grandes golpes ocultos, reluzia a clara gota d'água iriada de um rijo brilhante.

Mas o troféu de glórias deste curioso exemplar humano era o famoso e filaucioso cavanhaque, meio diabólico, meio cínico, que ele afagava com gravidade e volúpia, abrindo em leque, num gozo particular, como se o cavanhaque fosse o seu inspirador e o seu oráculo naquela eloquência.

Como todo o bandido bem-acabado, perfeito, como todo o Tartufo casuístico, tinha o seu séquito, os seus satélites, que instintiva ou calculadamente ouviam e aprovavam sempre em silêncio servil tudo o quanto ele dizia e lhe forneciam a manhosa e morna atmosfera feita de rastejantes e vermiculares sentimentos na qual ele vivia à farta, num transbordamento de tecidos adiposos, cevando-se nas lesmentas vaidades e caprichos mesquinhos dos outros, lisonjeando-lhes as pretensões, alimentando-lhes os vícios, devorando-lhes o ar, numa verdadeira existência parasitária.

Mas, agora, todas as atenções se voltavam alvoroçadas, ansiosas, para o velho moribundo, que acordara afinal em sobressaltos, o olhar desvairadamente pairado num ponto, como se por um esquisito fenômeno tivesse ressurgido do terror do sono eterno e viesse ainda perseguido por glaciais fantasmas que o arrastavam pelos cabelos e pelas vestes, através de uma treva duramente muda e aflitiva...

Cruz e Sousa

E, ou fosse remorso ou fosse álgido medo da hora extrema ou fosse mesmo agudo e histérico delírio imaginativo de senil e tábido celerado que vai morrer, o certo é que todos, no auge do espanto, no mais esmagador dos assombros, sem poder conter a súbita e estupenda torrente que lhe foi espumando e jorrando da boca bamba, ouviram este cruel e amorfo monólogo feito de lama e podridão, de estanho inflamado, de ferro e fogo, de acres e apunhalantes sarcasmos, de ódio e visco, de mordentes perversidades, de chagas nuas, de lacerações de carnes gangrenadas, de soluços e estupros, de ais e muitas risadas, de suspiros e concupiscências baixas, de beijos e venenos, de estertores e lágrimas, tudo rodando, rodando através do pesadelo da Morte.

Como que a seu pesar um fenômeno desconhecido o transfigurava, punha-lhe na boca a eloquência viva de chamas devoradoras. Ele era, naquele momento, a presa formidanda das correntes da matéria, que os mais curiosos e estupendos sentimentos abalavam: como que uma outra natureza, sem ser propriamente, legitimamente a sua, a natureza dos mistérios, que paira acima de tudo o que nos é terrenamente acessível, a natureza do Incognoscível das Esferas, dos maravilhosos Ritmos, o inspirava, falava pela voz dele, enchia-o de fluidos prodigiosos, arrebatava-o para um meio sonho e para um meio delírio, onde, contudo, transpareciam faces, verdadeiras das coisas, já galvanizadas pelo passado. Aquilo era como que o exemplo vivo, iniludível e supremo, dessa vaga névoa, dessa bruma de Abstrato, que há em todo o Tangível, do Sobrenatural que há em todo o Verdadeiro.

– Ah! lá se vão elas, vejam, lá se vão elas! Quantas! Quantas! Eram todas minhas! Vinham entregar-se ao meu ouro que tinia, tilintava, tinia com a sua luz sonora. Olhem, lá vão elas! Todos aqueles corpos eu beijei, eu gozei, eu depravei, eu saciei! Todos aqueles belos corpos brancos se adelgaçaram, se quebraram, vergaram em curvas voluptuosas de abóbada estrelada às minhas furiosas luxúrias. Parecia que corcéis de fogo disparavam no meu sangue, corriam a toda à brida nos meus nervos, tanto a sensualidade me agitava, me vertiginava, aguilhoava-me com os seus aguilhões acerados. E eram todas virgens que eu desviei, estrábico de gozo, nas formidáveis alucinações da carne. Pois, se eu tinha o meu ouro, o meu ouro que agisse sem demora e mas trouxesse vencidas; pois, se eu tinha o meu ouro, o meu ouro que as escravizasse à minha lascívia, o meu ouro que as fascinasse, o meu ouro que as atraísse, o meu ouro que as magnetizasse, o meu ouro que as cegasse, o meu ouro que as perdesse, o meu ouro que as aviltasse! Pois, se eu tinha o meu ouro, que mal então que eu comprasse formas de argila, com o meu ouro de forma de sol! Pois se eu tinha o meu ouro! Pois se eu tinha o meu ouro! Pois se eu tinha o meu ouro!

Por entre os linhos alvos do leito, naquelas brancuras preciosas, como que um rio de ouro, um cascatear de ouro, uma música de ouro vinham então finamente e fluidamente rolando, distendendo pelo leito os seus harmoniosos e claros veios de ouro, numa feeria de som, de alvura e de ouro.

E o senil e tábido milionário estava ali como um célebre mago dominado pelo ritmo alucinante, pela vara magnética desse êxtase de visionário moribundo, pela doentia e sonâmbula superexcitação nervosa, por toda essa vertigem, por todo esse deslumbramento hipnótico, fatal, enlouquecedor, do ouro. E ele ria alvarmente uma risada entre amarela e negra, que fazia lembrar o fúnebre caixão que o esperava...

Todos, estupefatos, suspensos, diante daquele delirante e sensacional espetáculo que não podiam encobrir nem conter, tinham a respiração sufocada, os semblantes transformados, lívidos, tão lívidos que pareciam outros tantos moribundos que ouviam, imóveis, num espasmo de angustioso terror, esse outro sinistro moribundo falando.

Agora, porta mais negra e mais ensanguentada se abrira escancaradamente, num rápido rasgão de raio que fende as nuvens, ao delírio do cérebro demente do quase morto: era como se nenhum escrúpulo delicado, sutil, o prendesse mais à terra e aos homens; se todos os fios e laços das suscetibilidades da alma se houvessem partido, despedaçado e ele ficasse só nos instintos, à vontade, besta desenfreada, livre de todas as correntes do Sensível, sob o impulso primitivo, selvagem, desorientado, animal, deserto, da simples matéria e da simples carnalidade:

– Ah! Ah! pois não era o meu ouro, só o meu ouro, sempre o meu ouro que comprava tanta carne humana, desprezível, que eu via entrar nas senzalas, de volta do eito?! Negros trêmulos, velhos e tristes, com o dorso curvado por uma remota subserviência ancestral, atávica, fantasmas de pedra, mudos e cegos na sua dor absurda...

"Às vezes era pelos amargos desfalecimentos da tarde; e, no fundo denso da noite algumas estrelas espiavam como sentinelas, de olhos acesos e vigilantes, aquela torva massa trôpega e tarda que caminhava como do fundo de um tempestuoso e formidável sonho: os crânios desconformemente alongados, os perfis com deformações hediondas, talhados à bruta por mãos de gênios rebeldes, infernais e os olhos envenenados pela mais atroz, bárbara e mórbida melancolia das melancolias. Como que vinham, num turvo e amorfo desfilar do centro misterioso da terra, com a cor original da terra, com a cor das trevas primitivas, esqueléticos, cadavéricos, héticos, na assombrosa condensação de todas as criações shakespearianas, arrastando os miseráveis e ensanguentados farrapos das almas.

"Parecia-me que se cavava de repente, por toda a extensão do eito, imensa, profunda cova; que essa cova era como velha chaga secular formidavelmente grande, sinistramente sangrenta, a devorar, a devorar, a devorar carne humana, legiões e legiões de míseros, um fabuloso mar negro e selvagem de corpos e almas amaldiçoadas... E essa chaga tremenda, avassaladora, fatal, ia então alastrando, não já sangrenta, mas verde, podre, gangrenada, aberta a monstruosa e purulenta boca verde.

"Não sei para que sobre-humano horror eu recuava, para que noite caótica de horror animal eu mergulhava a tremer, a tremer, a tremer...

"Ficava então de repente com a imaginação dominada por cruéis sobressaltos, com ansiedades, delírios a se vulcanizarem no cérebro... Subiam-me ao cérebro obsessões de loucura, como que os meus pensamentos se agachavam, se encolhiam aterrorizados a um canto do cérebro... Um medo agudo, invencível, me amarrava os nervos... Todo eu gelava, suava medo... E aquela bamba, trôpega e tarda massa torva, fenomenal, numerosa, estranha, tão estranha aos meus sentidos apavorados, dava-me a impressão

Negro

fantástica de abismos que caminhavam, de tenebrosas florestas de corpos cheias de rugidos de feras, de garras, de dentes devoradores, que eu via de repente atirarem-se, arrojarem-se sobre mim, bramindo vingança, e despedaçarem-me, estrangularem-me todo.

"Ao meu espírito aterrado, ao mundo virgem e nunca visto de visões que se me desenvolviam no deslumbrado raio visual, era como se todos aqueles esqueletos negros se reproduzissem, surgissem por toda a parte turbilhões e turbilhões, tumultos e tumultos, matas cerradas, compactas, selvas bravias de esqueletos negros, toda a África colossal ululando e soluçando num ululo e num soluço milenário... E, por sobre todos esses milhões de cabeças tenebrosas, pairava no ar, solenemente, prognosticamente, sugestionadoramente, como o satânico e sinistro Anjo da Guarda da negra raça dos desertos, lassa e descomunal, lânguida e letárgica serpente, talvez dormindo e sonhando novos e mais maravilhosos venenos, com as grandes asas abertas... Ah! eram sobrenaturais esses sofrimentos que assim me remordiam tanto com tamanhos dentes e com tamanhas garras!

"Deus, a essas horas tão tremendas para a minha consciência, ali tão humilhada, batida, cobarde de terror diante daqueles negros espectros, onde estava Deus, para trazer-me um alívio, um consolo, para ter piedade de mim, para dar-me de beber da fonte clara, fresca e suave da tranquilidade, para saciar a sede de humildade, de pobreza, de simplicidade, a sede devoradora que me incendiava, a mim, a gula viva do ouro, a mim, a gula viva da sensualidade, a mim, a gula viva do crime!

"No entanto, ah!, que risadas satânicas, diabólicas, que satisfação perversa me assaltava quando o feitor, bizarro, mefistofélico, de chicote em punho, lanhava, lanhava, lanhava os miseráveis e lindos corpos de certas escravas que não queriam vir comigo! Oh! lembra-me bem de uma que mandei lanhar sem piedade. A cada grito que ela soltava eu gritava também ao feitor: – lanha mais, lanha mais! E o bizarro feitor lanhava! O sangue, grosso e lento, como uma baba espessa, ia formando no chão um pântano onde os porcos vinham fuçar regaladamente! Com que febre, com que alucinação inquisitorial eu gozava essas torturas! Até mesmo, às vezes, via-me possuído de um extravagante desejo animal, de um desejo monstro de beber, como os porcos, todo aquele sangue. Lembro-me também de outra, bestialmente grávida, prestes a ser mãe, a quem eu, para saciar a minha sede feroz de ciúme, a minha sede de raiva, a minha sede de concupiscência suína, mandei aplicar quinhentas chicotadas, enquanto os meus dentes rangiam na volúpia do ódio saciado. Desta foi tamanha e tão atroz a dor, tão horríveis as contorções, enroscando-se como serpente dentro de chamas crepitantes, que esvaiu-se toda em sangue, abortou de repente e ali mesmo morreu logo, felizmente lembro-me bem, com a boca retorcida numa tromba mole, espumando roxo e duas grossas lágrimas profundas a escorrerem-lhe no canto dos olhos vidrados...

"E de outra ainda lembro-me também, porque eu a mandei afogar no rio das Sete Chagas, junto à figueira do inferno, com o filho, que era execravelmente meu, dentro das entranhas... Mandei afogar tarde, a horas mortas, depois que certo sino cavo soluçou as doze badaladas lentas e sonolentas no amortalhado luar... E devo ter algum remorso disso? Remorso? De quê? Por quê? Por quem? Meu filho? Como? Feito por um civilizado num bárbaro, num selvagem? Remorso por tão pouco? Por lama vil que se joga fora, por barro ignóbil que para nada presta?! Remorso por fezes, resíduos exíguos de elementos inservíveis, bílis negra, composto de produtos podres, gases deletérios e inúteis, pus fétido – pois por essa asquerosa e horrenda cousa que se formou e ondulou misteriosamente sonâmbula nas entranhas pantéricas de uma negra hei de ter, então, remorso, hei de ter, então, remorso?!

"E os quatro enforcados da encruzilhada do engenho, com as hirtas línguas de fora, por uma noite de trovões e relâmpagos, oscilando dos galhos das árvores como pêndulos da morte! E os que morreram no tronco, com a espinha dorsal quase vergada ao meio! E aqueles que de desespero e de aflição sem remédio se rasgaram os ventres enterrando-lhes fundo facas agudas! Os que estalaram tostados, queimados nos fornos em brasa! Os que foram arrastados pelos campos afora, a galope, atados a caudas de cavalo! Os que tiveram os ventres atravessados pelas aspas dos bois bravios! Os que

Negro

se envenenaram com venenos mais mortais que o das serpentes! Os que se degolaram na mais desesperada das agonias!

"E aquela negra terrível que morreu louca, abraçada ao filho pequeno, dando-lhe alucinadamente de mamar, nua, toda nua, com o seio a escorrer leite e ao mesmo tempo a escorrer sangue pelas feridas de trezentas e setenta e tantas chicotadas, com os olhos esbugalhados, a olhar-me muito, a olhar-me sempre, parece que ainda horrivelmente a olhar-me agora, a perseguir-me, a cortar-me de pavor como uma lâmina gelada e penetrante.

"Ah! e aquele negro de cem anos, morfético, inchado como um sapo enorme, manipanso senil, a quem eu arranquei os dois olhos com a ponta de uma verruma, enquanto ele urrava e escabujava de dor como um tigre apunhalado! E isto em pleno eito, num meio-dia de ferro e fogo, que cortava e queimava, por um sol dilacerante, devorador como feras esfaimadas, sanguinolentas! E eu arranquei-lhe os olhos, enterrando-lhe fundo a verruma sem piedade, depois de já lhe haver aplicado por todo o corpo apodrecido e chagado pela morfeia seiscentas vergalhadas, de pulso musculoso e rijo e de relho forte aberto em trinta pernas terminando em agudos pregos nas pontas. Ah! como o velho manipanso se retorcia, espumava, gania, mordia a língua, soltava pinchos por entre torvelinhos, os círculos vertiginosos, desvairados, das trinta pontas aguçadas das pernas rígidas do relho!

"E ainda aquele outro negro decrépito, de uma boçalidade caduca, cego, mudo e idiota, completamente cego e mudo, que foi encontrado morto no curral dos porcos, a cabeça fora do tronco, inteiramente decepada a machado, os órgãos genitais dilacerados!

"Remorsos, eu, então, de toda essa treva trágica, de toda essa lama de crimes apodrecida?! Como remorso? Pois não era do trono do meu ouro que eu estava rei soberano, assim, com o cetro do chicote em punho, coroado de ouro, arrastando um manto de púrpura feito de muito sangue derramado?! Remorso? De quê? Se o meu ouro tudo lavava, vencia, subjugava a todos e a tudo, emudecia a justiça, tornava completamente servis e de pedra os homens, fazendo de cada sentimento um eunuco?!"

A estas palavras como que pareceu haver um certo movimento de protesto, de altivez revoltada, na pasmada assembleia que o ouvia: quase que um vago vento de indignação passou... Mas, como entre os males da vida "o mal de muitos consolo é", e quase todos que ali estavam eram parentes do moribundo, aguardavam uma parte do seu grande ouro; e como também nos seus cerebrozinhos empíricos lhes passasse de repente a ideia de que talvez por um milagre da riqueza, por um extraordinário valor e soberania do potentado, ele muito bem podia levantar-se do leito ainda e expulsá-los a chicote daquele recinto, todos se entreolharam manhosamente e fizeram depressa espinha mais flexível, fingiram-se mortos o melhor que puderam – vivos, mais mortos que o semimorto.

Toda essa delirante epopeia de lama, treva e sangue, era por ele murmurada lentamente, com voz cava, soturna, como através das paredes de um lôbrego subterrâneo ou nas sombrias, solitárias arcadas de um convento os crepusculamentos de um *Requiem*...

Impelido por uma força nervosa erguera-se um pouco no leito, talvez ainda mais envelhecido agora, trêmulo, transfigurado, o olhar sempre fixo num ponto, olhar de cego que olha em vão tudo, que como que só vê para dentro de si mesmo...

Mas de repente o moribundo teve uma risada alvar, lugubremente idiota, entre amarelada e negra, que fazia fatalmente lembrar o fúnebre caixão que o esperava... E, arremessando convulsamente as frases como lançadas no ar, na violência do esforço derradeiro, tremendo, como quem chama a si as últimas energias da matéria que desfalece, a língua já presa, já acorrentada pelos pesados grilhões da morte que vinha vindo, pendeu a encanecida cabeça de celerado senil, exausto de forças, os braços molemente caídos ao longo do leito, os olhos e a boca desmesuradamente abertos, a respiração siflante, num espasmo sinistro...

No ambiente ansioso, inquietante, do aposento, pairou uma comoção mortal...

Dos lençóis alvos e frios do leito, bruscamente revoltos na alucinadora aflição daquele velho corpo martirizado, como que transpareciam, se levantavam brancas visões de sepulcro...

Negro

Nos circunstantes, à maneira de velhos instrumentos de cordas usadas, que vibram insolitamente, percorreu logo um pavoroso estremecimento. Todos se acercaram do leito, os rostos transfigurados, na agitação convulsa do grande final – míseras, tristes sombras que num movimento arrastado, impelidas por sensações secretas, se acercavam de uma sombra mais mísera, mais triste...

E, ó ironia da Culpa original!, numa leve contração da boca, ainda com um voluptuoso e luminoso alento da vida a esvoaçar-lhe nos olhos, sem longos e torturantes estertores, deixando apenas escapar um fugitivo, breve gemido de lá bem do fundo vago, quase apagado, longínquo, do seu Crime, na atitude de um justo, o ilustre homem rico, o abastado e poderoso senhor de escravos expirou – dir-se-ia mesmo com a sua consciência tranquila, completamente tranquila...

O abolicionismo

A ação que o Abolicionismo tem tomado nesta capital é profundamente significativa. Nem podia ser menos franca e menos sincera a adesão de todos a esta ideia soberana, à vista dos protestos da razão humana, do patriotismo e do caráter nacional ante tão bárbara e absurda instituição – a do escravismo.

A onda negra dos escravocratas tem de ceder lugar à onda branca, à onda de luz que vem descendo, descendo, como catadupa de sol, dos altos cumes da ideia, preparando a pátria para uma organização futura mais real e menos vergonhosa. Porque é preciso saber-se, em antes de se ter uma razão errada das coisas, que o Abolicionismo não discute pessoas, não discute indivíduos nem interesses; discute princípios, discute coletividade, discute fins gerais.

Não vai unicamente pôr-se a favor do escravo pela sua posição tristemente humilde e acobardada pelos grandes e pelos maus, mas também pelas causas morais que o seu individualismo traz à sociedade brasileira, atrasando-a e conspurcando-a.

Não se liberta o escravo por *pose,* por chiquismo, para que pareça a gente brasileira elegante e graciosa ante as nações disciplinadas e cultas. Não se compreendendo, nem se adaptando ao *meio* humanista a palavra escravo, não se adapta nem se compreende da mesma forma a palavra senhor.

Tanto tem esta de absurda, de inconveniente, de criminosa, como aquela.

Se a humanidade do passado, por uma falsa compreensão dos direitos lógicos e naturais, considerou que podia apoderar-se de um indivíduo qualquer e escravizá-lo, compete-nos a nós, a nós que somos um povo em

Negro

via de formação, sem orientação e sem caráter particular de ordem social, compete-nos a nós, dizíamos, fazer desaparecer esse erro, esse absurdo, esse crime.

Não se pense que com a libertação do escravo virá o estado de desorganização, de desmembramento no corpo ainda não unitário do país.

Em toda a revolução, ou preparação de terreno para um progredimento seguro, em todo o desenvolvimento regulado de um sistema filosófico ou político, tem de haver, certamente, razoáveis choques, necessários desequilíbrios, do mesmo modo que pelas constantes revoluções do solo, pelos cataclismos, pelos fenômenos meteorológicos, descobrem-se terrenos desconhecidos, minerais preciosos, astros e constelações novas. O desequilíbrio ou o choque que houver não pode ser provadamente sensível, fatal para a nação. Às forças governistas compete firmar a existência do trabalho do homem tornado repentinamente livre, criando métodos intuitivos e práticos de ensino primário, colônias rurais, estabelecimentos fabris, etc.

A Escravidão recua, o Abolicionismo avança, mas avança seguro, convicto, como uma ideia, como um princípio, como uma utilidade. Até agora o maior poder do Brasil tem sido o braço escravo: dele é que partem a manutenção e a sustentação dos indivíduos de pais dinheirosos; com o suor escravo é que se fazem deputados, conselheiros, ministros, chefes de Estado. Por isso no país não há indústria, não há índole de vida prática social, não há artes.

Os senhores filhos de fazendeiros não querem ser lavradores, nem artífices, nem operários, nem músicos, nem pintores, nem escultores, nem botânicos, nem floricultores, nem desenhistas, nem arquitetos, nem construtores, porque estão na vida farta e fácil, sustentada e amparada pelo escravo dos pais, que lhes enche a bolsa, que os manda para as escolas e para as academias.

De sorte que, se muitas vezes esses filhos têm vocação para uma arte que lhes seja nobre, que os engrandeça mais do que um diploma oficial, são obrigados a doutorarem-se porque se lhes diz que isso não custa e que poderão, tendo o título, ganhar mais facilmente e até sem merecimento, posições muito elevadas; e mesmo porque ser artista, ser arquiteto, ser industrial, etc. é uma coisa que, no pensar acanhado dos escravocratas, dos retrógrados e dos egoístas, não fica bem a um nhonhô nascido e criado no conforto, no bem-estar, no gozo material da moeda dada pelo braço escravo.

Negro

Tenebrosa

Alta, alta e negra, de uma quase gigantesca altura, torso direito e forte, retesada na espinha dorsal como rígido sabre de guerra; colo erguido de ave pernalta, aprumado, gargalado e toroso; longos braços roliços, vigorosos, caídos, como extensas garras de falcão, ao amplo dos quadris abundantes e de linhas serenas, esculturais, de soberana estátua de mármore – semelhas bem uma noturna e carnívora planta bárbara, ardente e venenosa da Núbia.

Olhos grandes, largos, profundos, cheios de tropical sensualismo africano e abertos como estrelas no céu da refulgente noite escura de ébano polido do rosto redondo – alta, alta e negra, de uma quase gigantesca altura – lembras também o astro nublado, caliginoso da Paixão, girando na órbita eterna da humanizada dolência da Carne, como mancha na luz, ou soturna mulher da Abissínia, cujos luxuriosos sentimentos panterizados sinistramente gelaram e petrificaram na muda esfinge dos secos areais tostados.

E eu quisera possuir o teu amor – o teu amor, que deve ser como frondejante árvore de sangue dando frutos tenebrosos. O teu amor de ímpetos de fera nas brenhas e nas selvas, sobre os broncos, graníticos penhascos, na cáustica solar de exóticos climas quentes de raças tropicalizadas na emoção, porque tu és feita do sol em chamas e das fuscas Areias, da terra cálida dos desertos ermos...

Quisera possuí-lo – inteiro, estranho, eterno, esse amor! E que me parecesse, se o possuísse e o gozasse, possuir e gozar o Mar, ter dentro de mim o oceano coalhado – como a minh'alma está coalhada de sonhos – de navios, de iates, de escunas, de lúgares, galeões, naus e galeras, por uma tormenta avassaladora em que trovões formidáveis e cabriolas elétricas de raios fosforescentes, brechando o firmamento, sacudissem, num brusco arrepio proceloso, o túmido colo crespo e ululante das Vagas.

Quisera amar-te assim! E que nesse Mar tormentoso, sob a angustiosa pressão dos elementos, a um cabalístico sinal meu, como se absoluto poder me houvesse constituído o Deus terrível e supremo da Terra – iates, navios, lúgares, escunas, naus e galeras, conduzindo toda a humanidade a várias regiões do monstruoso mundo, de repente soçobrassem juntos, subitamente se afundassem nas goelas hiantes do Mar escancarado, abismante, tremendo...

Nós dois, então, fulminados pelo mesmo raio, batidos, esporeados pelo mesmo estertoroso trovão, seríamos arremessados ao seio glauco do oceano, abraçados na extrema contração espasmódica do gozo, indo dar às ilimitadas praias do Ideal os nossos cadáveres, ainda fortemente, desesperadamente unidos, enlaçados, presos, como se a derradeira agonia cruciante da sensualidade e da dor houvesse justaposto os nossos corpos na fremência carnal dos alucinados sentidos!

Alguma coisa de aventuroso – fantástico, como o espírito de Byron, aceso pela caricatura viva de uma deformação física; alguma coisa de estranho e satânico como Poe, tantalizado também pelas agruras da ironizante matéria, e por isso mesmo ainda mais esfuziante e flamejante; alguma coisa, enfim, de infernal, de diabólico, de luminoso e tétrico, ficaria então para sempre esvoaçando e pairando em torno da nossa memória, sobre o *Nihil* das nossas vidas, como sinistra ave desgarrada de outras ignotas regiões inacessíveis e cujo canto soturno e maravilhoso reproduzisse a magoada plangência da harpa misteriosa dos nossos sentimentos, infinitamente vibrando e soluçando através do lento desenrolar das longas eras que passam.

Quisera amar-te assim! Vibrado ao sol do teu sangue, incendiado na tua pele flamante, cujos penetrantíssimos aromas selvagens me alvoroçam, entontecem e narcotizam.

Assim amar-te e assim querer-te – nua, lúbrica, nevrótica, como a magnética serpente de cem cabeças da luxúria – os olhos livorescidos, como prata embaciada; a fila rútila dos rijos dentes claros cerrada no deslumbramento, no esplendor animal do coito; os nervos e músculos contraídos e os formosos seios de cetinoso tecido elevados como dois pequenos cômoros

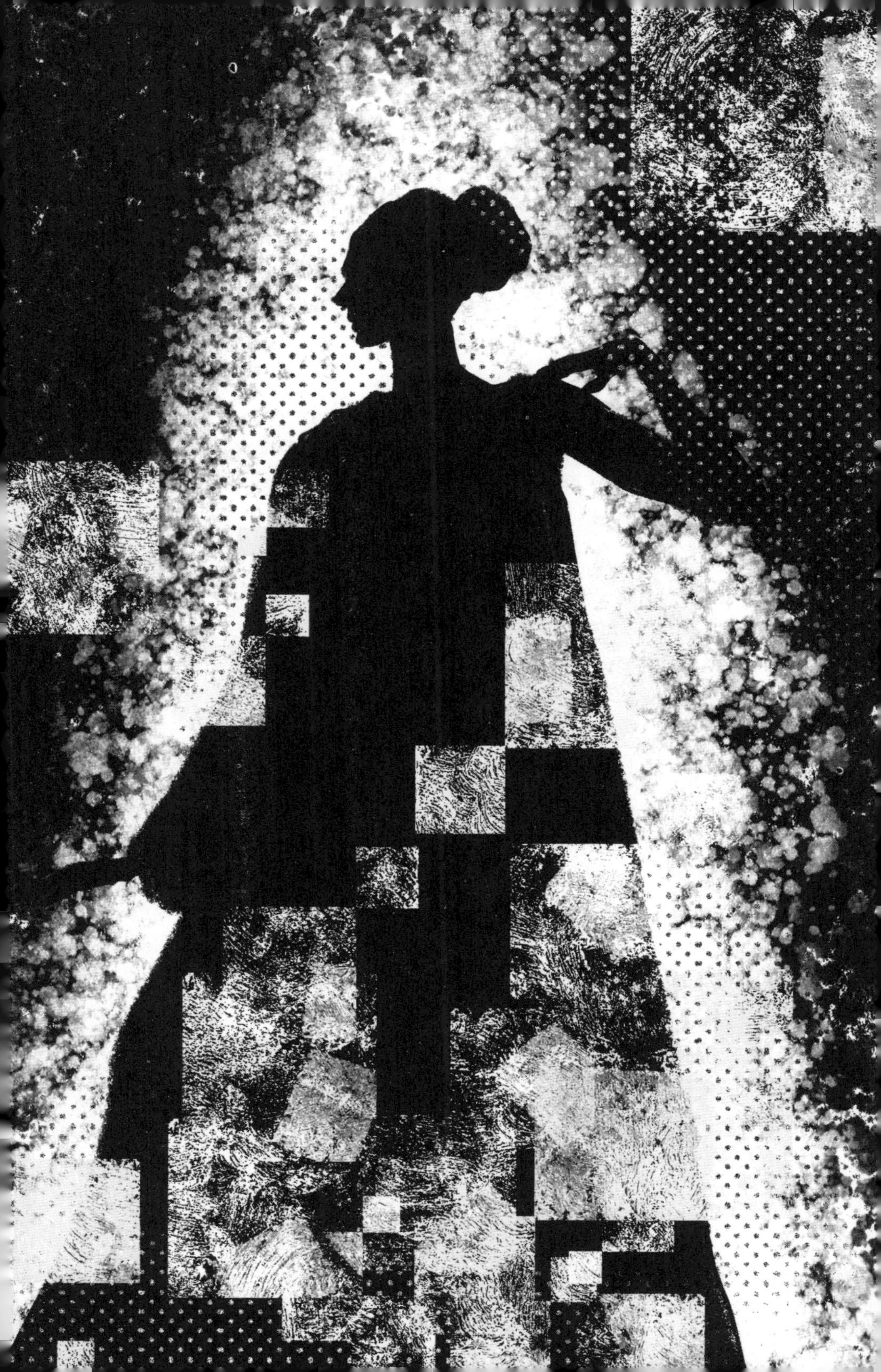

negros, cheios de narcotismos letais, impundonorosamente nus – nus como todo o corpo! – excitantes, impetuosos, tensibilizados e turgescidos, na materna afirmação sexual do leite virgem da procriação da Espécie! E que a tua vulva veludosa, afinal! vermelha, acesa e fuzilante como forja em brasa, santuário sombrio das transfigurações, câmara mágica das metamorfoses, crisol original das genitais impurezas, fonte tenebrosa dos êxtases, dos tristes, espasmódicos suspiros e do Tormento delirante da Vida; que a tua vulva, afinal, vibrasse vitoriosamente o ar com as trompas marciais e triunfantes da apoteose soberana da Carne!

Assim, arrebatado no teu impulso fremente de águia famulenta de alcantiladas montanhas alpestres, eu teria sobre ti o poderoso domínio do leão de majestosa juba revolta, amando-te de um amor imaterial, sob a impressão miraculosa de transcendente sensação, muito alta e muito pura, que se dilatasse e ficasse eternamente intangível sobre todas as vivas forças transitórias da terra.

Então, na cela mística do meu peito, como num sacrário, eu sentiria passar em voos brancos esse grande Amor espiritualizado, estrela diluída em lágrimas, lágrimas convertidas em sangue, como a expressão de um sonho, ao mesmo tempo carnal e etéreo, humano e divino, que palpitasse, vivesse no meu ser e me trouxesse o travo, o sabor picante e amarguroso da Dor, que é a consagração, a perfeita essência do Amor.

Seria esse um requintado gozo pagão, cujo aroma enervante e capro, como o aroma selvático que vem do bafo morno e do cio dos animais das africanas florestas virgens, embriagasse o meu viver, desse ao meu espírito a alada forma de pássaro e desse à Arte que cultualmente venero, a pompa larga e bravia desse teu bufalesco temperamento e o resistente bronze inteiriço e emocional do teu nobre corpo de bizarro corcel guerreiro – ó alta, alta e maciça torre de treva, de cuja agulha elevada, esguia, aguda e expirante no Azul, o condor do meu Desejo vertiginosamente trêmula e vai as asas rufiando em torno...

Negro

Dor negra

> E como os Areais eternos sentissem fome e sentissem sede de flagelar, devorando com as suas mil bocas tórridas todas as rosas da Maldição e do Esquecimento infinito, lembraram-se, então, simbolicamente da África!

Sanguinolento e negro, de lavas e de trevas, de torturas e de lágrimas, como o estandarte mítico do Inferno, de signo de brasão de fogo e de signo de abutre de ferro, que existir é esse, que as pedras rejeitam, e pelo qual até mesmo as próprias estrelas choram em vão milenariamente?!

Que as estrelas e as pedras, horrivelmente mudas, impassíveis, já sem dúvida que por milênios se sensibilizaram diante da tua Dor inconcebível, Dor que de tanto ser Dor perdeu já a visão, o entendimento de o ser, tomou decerto outra ignota sensação da Dor, como um cego ingênito que de tanto e tanto abismo ter de cego sente e vê na Dor uma outra compreensão da Dor e olha e palpa, tateia um outro mundo de outra mais original, mais nova Dor.

O que canta *Requiem* eterno e soluça e ulula, grita e ri risadas bufas e mortais no teu sangue, cálix sinistro dos calvários do teu corpo, é a Miséria humana, acorrentando-te a grilhões e metendo-te ferros em brasa pelo ventre, esmagando-te com o duro coturno egoístico das Civilizações, em nome, no nome falso e mascarado de uma ridícula e rota liberdade, e metendo-te ferros em brasa pela boca e metendo-te ferros em brasa pelos olhos e dançando e saltando macabramente sobre o lodo argiloso dos cemitérios do teu Sonho.

Três vezes sepultada, enterrada três vezes: na espécie, na barbaria e no deserto, devorada pelo incêndio solar como por ardente lepra sidérea, és a alma negra dos supremos gemidos, o nirvana negro, o rio grosso e torvo de todos os desesperados suspiros, o fantasma gigantesco e noturno da Desolação, a cordilheira monstruosa dos ais, múmia das múmias mortas, cristalização d'esfinges, agrilhetada na Raça e no Mundo para sofrer sem piedade a agonia de uma Dor sobre-humana, tão venenosa e formidável, que só ela bastaria para fazer enegrecer o sol, fundido convulsamente e espasmodicamente à lua na cópula tremenda dos eclipses da Morte, à hora em que os estranhos corcéis colossais da Destruição, da Devastação, pelo Infinito galopam, galopam, colossais, colossais, colossais…

Negro

Asco e dor

Últimos risos palermas, últimos escancaramentos de bocas parvas nos fins destroçados de um carnaval, por tarde ardente e nevoenta. Massas de nuvens torvas tumultuam no firmamento, sob múltiplas conformações fabulosas. Raios derradeiros de sol em poente languescem do alto, mornamente crepusculares.

Um tédio enorme espreguiça, estremunha no ar, lânguido, letárgico, invencível, indefinível...

Por uma rua estreita, sombria e lôbrega como um prolongado corredor de convento ou uma infecta galeria subterrânea, vem desfilando, aos pinchos, saracoteando toda, desconjuntando-se toda, uma turba miserável de carnavalescos, impondo aos últimos raios tristes do sol as suas carantonhas mais horrivelmente tristes ainda, as suas vestimentas funambulescas, fazendo lembrar diferentes aspectos de loucura, graus de imbecil demência, angulosidades de crime, estados primitivos de ignorância amassados numa embriaguez mórbida, selvagem e sinistra.

Os pinchos, os saracoteios, os ziguezagues dos quadris elásticos das mulheres, com os moles seios bambos e as nádegas proeminentes, num deboche nu de Inferno relaxado onde vinhos alucinantes entrassem como oceano canalizado para as bocas; os perfis ósseos, anfratuosos dos homens, mascarados de sapo, de gorila, de serpente, de crocodilo, de dragão de cornos, de morcego, de monstro bifronte, de urso, de elefante e de mentecapto, dão à turba carnavalesca a sensação formidável do descaro final, do *pandemonium* derradeiro, da nudez lúbrica, desbragada, bestial, da cega hediondez dos instintos soltos na hora eclíptica do aniquilamento do mundo!

Mas eis que do centro do desprezível bando, vestida em farrapos, boçal, congestionada de bestialidade, urrante de chascos, destaca-se uma terrível figura mais grotesca do que as outras, trazendo na cabeça, em forma de troféu, uma trunfa alta, feita de cobras emaranhadas, com as caudas em pé, semelhando uma coroa de vícios em convulsão. E no meio do círculo que as outras formam e ao som de palmas cadenciadas e batuques selvagens, através de risadas aparvalhadas do público, fica então a dançar alucinadamente. Nas suas pernas magras, espectrais, de esqueleto ironicamente esquecido pela cova, dir-se-á que lhe puseram azougue e lhe puseram também rodízios nos pés.

E ela fica então a rodar, a rodar, macabra, doida, numa febre, num delírio, como se fosse esse todo o extremo esforço das suas faculdades de dançarina. E ela roda, roda, vai rodando, em vertigens e vertigens, em giros esquisitos, fazendo flutuar os dourados farrapos da veste, dentre uma saraivada grossa de risos e aclamações, gozando triunfos na miséria daquilo tudo, como a rainha da lama humana. E a grotesca figura roda, mascarada de múmia verde – alucinação que ondula, desvairamento que serpenteia – a exemplo de uma cousa amorfa, de um bicho inconcebivelmente estranho que se tivesse ao mesmo tempo absurdamente tomado de uma epilepsia nervosa e da dança de São Guido...

De vez em quando piparoteiam-lhe a pança, as nádegas moles e ela então, ignóbil animal aguilhoado por essa baixa carícia, saracoteia mais, espaneja-se toda no seu lodo como num leito de volúpia.

Ah! daquela momice cínica, daquela desordenada bebedeira d'instintos erguiam-se, hórridos fantasmas de sangue, de lama e lágrimas, o Asco e a Dor!

Eu para ali me arrastara, no amargo tédio da tarde, na ânsia crepuscular do sol, que lembrava um palhaço senil e lúgubre, sem alegria, vestido de ouro e morrendo, só, desamparado até mesmo das ovações ou dos apupos da rota garotagem, no fundo de um beco imundo...

Levaram-me para ali não sei que desencontrados sentimentos, que emoções opostas, que vagos pressentimentos... A verdade é que eu para ali fora, talvez fascinado por certo encanto misterioso dessa miséria cega: para embriagar-me de asco, para envenenar-me de asco e tédio e desse tédio e desse asco talvez arrancar os astros e ferir as harpas de alguma curiosa sensação. A verdade é que eu para ali fora, quase hipnotizado, de certo modo mesmo impelido pela extravagante turba carnavalesca, pela sua monstruosa miséria.

Mas, agora, todo esse misto de animalidade, de suinice, esse hibridismo mascarado, de paixões rastejantes, vermiculares, essas formas humanas que atrozmente se convulsionavam como feras devorando, todo esse ambulante *sabbatt* foi então desfilando por outras ruas, seguindo o seu rumo de calcetas do ridículo, bambamente, aos boléus sob o fim torvo da tarde que parecia, também mascarada de feiticeira, rindo uma risada de augúrio feral aos últimos bamboleios carnavalescos que se afastavam, finalizando como a tarde finalizava, dispersando-se, desaparecendo pelos oblíquos becos tortos num tropel de manadas de gado estropiado que uma peste assolou...

E enquanto a multidão, vesga, atordoada, tonta, azoinada de calor, de rumor, de carnaval e de poeira, aplaudia com gritos e zumbaias delirantes, ensurdecedoras, aquela turba vil, incaracterística, a minh'alma sentia-se como que pendida de um cadafalso que a estrangulava, acorrentada a um asco mortal, a uma dor tremenda que não tinha linhas de unidade, de conjunto e de entendimento com as outras dores; dor ingenitamente original, que não participava, em nenhuma das suas fibras, em nenhuma das suas interpretações sensacionais, das outras dores do mundo! Dor legitimamente outra, que não tinha limites no limite da dor comum; dor que me parecia cobrir o céu de luto, enegrecer tudo, aumentando-me o asco de tal sorte que o ar, os horizontes enublados, as árvores, as pedras da rua, as paredes dos edifícios, a multidão que burburinhava, tudo me parecia estar possuído do mesmo asco e da mesma dor. Dor sem raízes conhecidas, sem ritmos definidos, sem origens encontradas nem na vida, nem na morte, fora das correntes eternas, das correlações das esferas, das circunvoluções do pensamento! Dor inaudita, cujas partículas sagradas eram formadas da flamejante constelação de um anseio transcendental, da luz misteriosa das espiritualizações supremas, de sentimentos fugidios, sutis, de sensações que volteavam e ondulavam em torno da minha cabeça, como auréolas psíquico-estesíacas, por paragens ultraterrestres.

Asco que era para mim como se eu me sentisse coberto de lesmas, lesmas fazendo pasto no meu corpo, lesmas entrando-me pelos ouvidos, lesmas entrando-me pelos olhos, lesmas entrando-me pelas narinas, pela boca asquerosamente entrando-me lesmas. Um asco feito de sangue, lama e lágrimas, composto horrível de um sentimento inexplicável, hediondo, donde brotava a flor de fogo e veneno de uma dor sem termo.

Asco daquelas postas de carne que além obscenamente se rebolavam numa mascarada infernal, bêbadas, bambas, fora da razão humana, a toda a brida no Infinito do deboche, sem fé e sem freios, na confusão dos instintos como na confusão do caos.

Dor e asco dessa salsugem de raça entre as salsugens das outras raças.

Dor e asco dessa raça da noite, noturnamente amortalhada, donde eu vim através do mistério da célula, longinquamente, jogado para a vida na inconsciência geradora do óvulo, como um segredo ou uma relíquia de bárbaros escondida numa furna ou num subterrâneo, entre florestas virgens, nas margens de um rio funesto...

Dor e asco desse apodrecido e letal paul de raça que deu-me este luxurioso órgão nasal que respira com ansiedade todos os aromas profundos e secretos para perpetuá-los através da mucosa; estes olhos penetradores e lânguidos que com tanta volúpia e mágoa olham e assinalam as amarguras do mundo; estas mãos longas que mourejam tanto e tão rudemente; este órgão vocal através do qual sonâmbula e nebulosamente gemem e tremem veladas saudades e aspirações já mortas, soluçantes emoções e reminiscências maternas; este coração e este cérebro, duas serpentes convulsas e insaciáveis que me mordem, que me devoram com os seus tantalismos.

Dor e asco dessa esdrúxula, absurda turba bruta que além, sob a tarde, uivava, desprezivelmente ridícula, na infrene mascarada, com os seus ínfimos vultos sinistros transfigurados em crocodilos, em serpentes, em sapos, em morcegos, em monstros bifrontes, todos, todos da mesma origem tenebrosa de onde eu vim, negros, sob a lua selvagem e sonolenta dos desertos, no seio torcido das areias desoladas...

Asco e dor dessa ironia que para mim vinha, que para mim era, que só eu estava compreendendo e sentindo assim particular e exótica – ironia gerada nos lagos langues do Letes, fundida nas perpétuas chamas do Abstrato das Esferas, ironia para mim só, só para mim descoberta nas camadas infinitas da Vida, ironia só para o meu Orgulho mortal, só para a minha Ilusão humana, só para o meu insatisfeito Ideal, ironia! ironia! ironia rindo às gargalhadas no fim da tarde pelas máscaras obtusas e pela boca parva da multidão que aplaudia truanescamente como o supremo truão eterno.

E, ó Dor maior! Asco mais estranho ainda!

Daqueles círculos mômicos, daqueles círculos de chacota e de zumbaias, daqueles requebros de quadris obscenos, daquelas vertigens mórbidas e redemoinhos de corpos lassos, entorpecidos, suarentos, empoeirados, esfalfados; daquelas caras bestialmente cínicas, ignaras e negras, sem máscaras algumas, pintalgadas a cores vivas, a *tatouages* grosseiras; daqueles langores mornos e doentios de olhos suínos, de todos esses grilhões medonhos, de todo esse lodoso cárcere fatal eu ficava como uma sombra irremediavelmente presa dentro de outra sombra, querendo fugir dali por esforços inauditos e vãos, debatendo-me no vácuo contra esse golfo sem fundo, contra esses vórtices tremendos da matéria, de onde, no entanto, a minh'alma viera, cristalizada em essência, requintada numa imaculabilidade d'estrelas purificadas nos cadinhos celestes.

E a minh'alma circunvagava, ia e vinha alucinada, através de adormecidas zonas de sonho, oscilante como um pêndulo de pesadelos, numa aflita ondulação de nevroses, meio dividida entre a bárbara turba mascarada e meio dividida entre a natureza, circundante, cá e lá, guilhotinada misteriosamente pela mesma dor e pelo mesmo asco, cá e lá misturada, amalgamada e perdida em iguais misérias de sangue, lama e lágrimas, ainda e para sempre com o mesmo asco e com a mesma dor...

Emparedado

> Ah! Noite! Feiticeira Noite! Ó Noite misericordiosa, coroada no trono das Constelações pela tiara de prata e diamantes do Luar, Tu, que ressuscitas dos sepulcros solenes do Passado tantas Esperanças, tantas Ilusões, tantas e tamanhas Saudades, ó Noite! Melancólica! Soturna! Voz triste, recordativamente triste, de tudo o que está morto, acabado, perdido nas correntes eternas dos abismos bramantes do Nada, ó Noite meditativa! Fecunda-me, penetra-me dos fluidos magnéticos do grande Sonho das tuas Solidões panteístas e assinaladas, dá-me as tuas brumas paradisíacas, dá-me os teus cismares de Monja, dá-me as tuas asas reveladoras, dá-me as tuas auréolas tenebrosas, a eloquência de ouro das tuas Estrelas, a profundidade misteriosa dos teus sugestionadores fantasmas, todos os surdos soluços que rugem e rasgam o majestoso Mediterrâneo dos teus evocativos e pacificadores Silêncios!

Uma tristeza fina e incoercível errava nos tons violáceos vivos daquele fim suntuoso de tarde aceso ainda nos vermelhos sanguíneos, cuja cor cantava-me nos olhos, quente, inflamada, na linha longe dos horizontes em largas faixas rutilantes.

O fulvo e voluptuoso Rajá celeste derramara além os fugitivos esplendores da sua magnificência astral e rendilhara d'alto e de leve as nuvens da delicadeza arquitetural, decorativa, dos estilos manuelinos.

Mas as ardentes formas da luz pouco a pouco quebravam-se, velavam-se e os tons violáceos vivos, destacados, mais agora flagrantemente crepusculavam a tarde, que expirava anelante, num anseio indefinido, vago, dolorido, de inquieta aspiração e de inquieto sonho...

E, descidas, afinal, as névoas, as sombras claustrais da noite, tímidas e vagarosas Estrelas começavam a desabrochar florescentemente, numa tonalidade peregrina e nebulosa de brancas e erradias fadas de Lendas...

Era aquela, assim religiosa e enevoada, a hora eterna, a hora infinita da Esperança...

Eu ficara a contemplar, como que sonambulizado, como o espírito indeciso e febricitante dos que esperam, a avalanche de impressões e de sentimentos que se acumulavam em mim à proporção que a noite chegava com o séquito radiante e real das fabulosas Estrelas.

Recordações, desejos, sensações, alegrias, saudades, triunfos passavam-me na Imaginação como relâmpagos sagrados e cintilantes do esplendor litúrgico de pálios e viáticos, de casulas e dalmáticas fulgurantes, de tochas acesas e fumosas, de turíbulos cinzelados, numa procissão lenta, pomposa, em aparatos cerimoniais, de *Corpus Christi,* ao fundo longínquo de uma província sugestiva e serena, pitorescamente aureolada por mares cantantes. Vinha-me à flor melindrosa dos sentidos a melopeia, o ritmo fugidio de momentos, horas, instantes, tempos deixados para trás na arrebatada confusão do mundo.

Certos lados curiosos, expressivos e tocantes do Sentimento, que a lembrança venera e santifica; lados virgens, de majestade significativa, parecia-me surgirem do suntuoso fundo estrelado daquela noite larga, da amplidão saudosa daqueles céus...

Desdobrava-se o vasto silforama opulento de uma vida inteira, circulada de acidentes, de longos lances tempestuosos, de desolamentos, de palpitações ignoradas, como do rumor, das aclamações e dos fogos de cem cidades tenebrosas de tumulto e de pasmo...

Era como que todo o branco idílio místico da adolescência, que de um tufo claro de nuvens, em Imagens e Visões do Desconhecido, caminhava para mim, leve, etéreo, através das imutáveis formas.

Ou, então, massas cerradas, compactas de harmonias wagnerianas, que cresciam, cresciam, subiam em gritos, em convulsões, em alaridos nervosos, em estrépitos nervosos, em sonoridades nervosas, em dilaceramentos nervosos, em catadupas vertiginosas de vibrações, ecoando longe e alastrando tudo, por entre a delicada alma sutil dos ritmos religiosos, alados, procurando a serenidade dos Astros...

As Estrelas, d'alto, claras, pareciam cautelosamente escutar e sentir, com os caprichos de relicários inviolados da sua luz, o desenvolvimento mudo, mas intenso, a abstrata função mental que estava naquela hora se operando dentro de mim, como um fenômeno de aurora boreal que se revelasse no cérebro, acordando chamas mortas, fazendo viver ilusões e cadáveres.

Ah! aquela hora era bem a hora infinita da Esperança!

De que subterrâneos viera eu já, de que torvos caminhos, trôpego de cansaço, as pernas bambaleantes, com a fadiga de um século, recalcando nos tremendos e majestosos Infernos do Orgulho o coração lacerado, ouvindo sempre por toda a parte exclamarem as vãs e vagas bocas: Esperar! Esperar! Esperar!

Por que estradas caminhei, monge hirto das desilusões, conhecendo os gelos e os fundamentos da Dor, dessa Dor estranha, formidável, terrível, que canta e chora *Requiens* nas árvores, nos mares, nos ventos, nas tempestades, só e taciturnamente ouvindo: Esperar! Esperar! Esperar!

Por isso é que essa hora sugestiva era para mim então a hora da Esperança, que evocava tudo quanto eu sonhara e se desfizera e vagara e mergulhara no Vácuo... Tudo quanto eu mais eloquentemente amara com o delírio e a fé suprema de solenes assinalamentos e vitórias.

Mas as grandes ironias trágicas germinadas do Absoluto, conclamadas, em anátemas e deprecações inquisitoriais cruzadas no ar violentamente em línguas de fogo, caíram martirizantes sobre a minha cabeça, implacáveis como a peste.

Então, à beira de caóticos, sinistros despenhadeiros, como outrora o doce e arcangélico Deus Negro, o trismegisto, de cornos agrogalhardos, de fagulhantes, estriadas asas enigmáticas, idealmente meditando a Culpa imeditável; então, perdido, arrebatado dentre essas mágicas e poderosas correntes de elementos antipáticos que a Natureza regulariza, e sob a influência de desconhecidos e venenosos filtros, a minha vida ficou como a longa, muito longa véspera de um dia desejado, anelado, ansiosamente, inquietamente desejado, procurado através do deserto dos tempos, com angústia, com agonia, com esquisita e doentia nevrose, mas que não chega nunca, nunca!!

Fiquei como a alma velada de um cego onde os tormentos e os flagelos amargamente vegetam como cardos hirtos. De um cego onde parece que vaporosamente dormem certos sentimentos que só com a palpitante vertigem, só com a febre matinal da luz clara dos olhos acordariam; sentimentos que dormem ou que não chegaram jamais a nascer, porque a densa e amortalhante cegueira como que apagou para sempre toda a claridade serena, toda a chama original que os poderia fecundar e fazer florir na alma...

Elevando o Espírito a amplidões inacessíveis, quase que não vi esses lados comuns da Vida humana, e, igual ao cego, fui sombra, fui sombra!

Como os martirizados de outros Gólgotas mais amargos, mais tristes, fui subindo a escalvada montanha, através de urzes eriçadas, e de brenhas, como os martirizados de outros Gólgotas mais amargos, mais tristes.

De outros Gólgotas mais amargos subindo a montanha imensa – vulto sombrio, tetro, extra-humano! –, a face escorrendo sangue, a boca escorrendo sangue, o peito escorrendo sangue, as mãos escorrendo sangue, o flanco escorrendo sangue, os pés escorrendo sangue, sangue, sangue, sangue, caminhando para tão longe, para muito longe, ao rumo infinito das regiões melancólicas da Desilusão e da Saudade, transfiguradamente iluminado pelo sol augural dos Destinos!...

E, abrindo e erguendo em vão os braços desesperados em busca de outros braços que me abrigassem; e abrindo e erguendo em vão os braços desesperados que já nem mesmo a milenária cruz do Sonhador da Judeia encontravam para repousarem pregados e dilacerados, fui caminhando, caminhando, sempre com um nome estranho convulsamente murmurado nos lábios, um nome augusto que eu encontrara não sei em que Mistério, não sei em que prodígios de Investigação e de Pensamento profundo: – o sagrado nome da Arte, virginal e circundada de loureirais e mirtos e palmas verdes e hosanas, por entre constelações.

Mas foi apenas bastante todo esse movimento interior que pouco a pouco me abalava, foi apenas bastante que eu consagrasse a vida mais fecundada, mais ensanguentada que tenho, que desse todos os meus mais íntimos, mais recônditos carinhos, todo o meu amor ingênito, toda a legitimidade do meu sentir a essa translúcida Monja de luar e sol, a essa incoercível Aparição, bastou tão pouco para que logo se levantassem todas as paixões da terra, tumultuosas como florestas cerradas, proclamando por brutas, titânicas trombetas de bronze, o meu nefando Crime.

Foi bastante pairar mais alto, na obscuridade tranquila, na consoladora e doce paragem das Ideias, acima das graves letras maiúsculas da Convenção, para alvoroçarem-se os Preceitos, irritarem-se as Regras, as Doutrinas, as Teorias, os Esquemas, os Dogmas, armados e ferozes, de cataduras hostis e severas.

Eu trazia, como cadáveres que me andassem funambulescamente amarrados às costas, num inquietante e interminável apodrecimento, todos os empirismos preconceituosos e não sei quanta camada morta, quanta raça d'África curiosa e desolada que a Fisiologia nulificara para sempre com o riso haeckeliano e papal!

Surgido de bárbaros, tinha de domar outros mais bárbaros ainda, cujas plumagens de aborígine alacremente flutuavam através dos estilos.

Era mister romper o Espaço toldado de brumas, rasgar as espessuras, as densas argumentações e saberes, desdenhar os juízos altos, por decreto e por lei, e, enfim, surgir…

Era mister rir com serenidade e afinal com tédio dessa celulazinha bitolar que irrompe por toda a parte, salta, fecunda, alastra, explode, transborda e se propaga.

Era mister respirar a grandes haustos na Natureza, desafogar o peito das opressões ambientes, agitar desassombradamente a cabeça diante da liberdade absoluta e profunda do Infinito.

Negro

Era mister que me deixassem ao menos ser livre no Silêncio e na Solidão. Que não me negassem a necessidade fatal, imperiosa, ingênita de sacudir com liberdade e com volúpia os nervos e desprender com largueza e com audácia o meu verbo soluçante, na força impetuosa e indomável da Vontade.

O temperamento que rugia, bramava dentro de mim, esse, que se operasse: – precisava, pois, tratados, largos in-fólios, toda a biblioteca da famosa Alexandria, uma Babel e Babilônia de aplicações científicas e de textos latinos para sarar...

Tornava-se forçoso impor-lhe um compêndio admirável, cheio de sensações imprevistas, de curiosidades estéticas muito lindas e muito finas – um compêndio de geometria!

O temperamento entortava muito para o lado da África: – era necessário fazê-lo endireitar inteiramente para o lado Regra, até que o temperamento regulasse certo como um termômetro!

Ah! incomparável espírito das estreitezas humanas, como és secularmente divino!

As civilizações, as raças, os povos digladiam-se e morrem minados pela fatal degenerescência do sangue, despedaçados, aniquilados no pavoroso túnel da Vida, sentindo o horror sufocante das supremas asfixias.

Um veneno corrosivo atravessa, circula vertiginosamente os poros dessa deblaterante humanidade que se veste e triunfa com as púrpuras quentes e funestas da guerra!

Povos e povos, no mesmo fatal e instintivo movimento da conservação e propagação da espécie, frivolamente lutam e proliferam diante da Morte, no ardor dos conúbios secretos e das batalhas obscuras, do frenesi genital, animal, de perpetuarem as seivas, de eternizarem os germens.

Mas, por sobre toda essa vertigem humana, sobre tanta monstruosa miséria, rodando, redemoinhando, lá e além, na vastidão funda do Mundo, alguma cousa da essência maravilhosa da Luz paira e se perpetua, fecundando e inflamando os séculos com o amor indelével da Forma.

É do sabor prodigioso dessa essência, vinda de bem remotas origens, que raros Assinalados experimentam, envoltos numa atmosfera de eterificações, de visualidades inauditas, de surpreendentes abstrações e brilhos, radiando nas correntes e forças da Natureza, vivendo nos fenômenos vagos de que a Natureza se compõe, nos fantasmas dispersos que circulam e erram nos seus esplendores e nas suas trevas, conciliados supremamente com a Natureza.

E, então, os temperamentos que surgissem, que viessem, limpos de mancha, de mácula, puramente lavados para as extremas perfectibilidades, virgens, sãos e impetuosos para as extremas fecundações, com a virtude eloquente de trazerem, ainda sangradas, frescas, úmidas das terras germinais do Idealismo, as raízes vivas e profundas, os germens legítimos, ingênitos, do Sentimento.

Os temperamentos que surgissem: – podiam ser simples, mas que essa simplicidade acusasse também complexidade, como as claras Ilíadas que os rios cantam. Mas igualmente podiam ser complexos, trazendo as inéditas manifestações do Indefinido, e intensos, intensos sempre, sintéticos e abstratos, tendo esses inexprimíveis segredos que vagam na luz, no ar, no som, no aroma, na cor e que só a visão delicada de um espírito artístico assinala.

Poderiam também parecer obscuros por serem complexos, mas ao mesmo tempo serem claros nessa obscuridade por serem lógicos, naturais, fáceis, de uma espontaneidade sincera, verdadeira e livre na enunciação de sentimentos e pensamentos, da concepção e da forma, obedecendo tudo a uma grande harmonia essencial de linhas sempre determinativas da índole, da feição geral de cada organização.

Os lados mais carregados, mais fundamente cavados dos temperamentos sangrentos, fecundados em origens novas de excepcionalidades, não seriam para complicar e enturvecer mais as respectivas psicologias; mas apenas para torná-las claras, claras, para dar, simplesmente, com a máxima eloquência, dessas próprias psicologias, toda a evidência, toda a intensidade, todo o absurdo e nebuloso Sonho...

Negro

    Dominariam assim, venceriam assim, esses Sonhadores, os reservados, eleitos e melancólicos Reinados do Ideal, apenas, unicamente por fatalidades impalpáveis, imprescritíveis, secretas, e não por justaposições mecânicas de teorias e didatismos obsoletos.
    Os caracteres nervosos mais sutis, mais finos, mais vaporosos, de cada temperamento, perder-se-iam, embora, na vaga truculenta, pesada, da multidão inexpressiva, confusa, que burburinha com o seu lento ar parado e vazio, conduzindo em seu bojo a concupiscência bestial enroscada como um sátiro, com a alma gasta, olhando molemente para tudo com os seus dois pequeninos olhos gulosos de símio.
    Mas a paixão inflamada do Ignoto subiria e devoraria reconditamente todos esses Imaginativos dolentes, como se eles fossem abençoada zona ideal, preciosa, guardando em sua profundidade o orientalismo de um tesouro curioso, o relicário mágico do Imprevisto – abençoada zona saudosa, plaga d'ouro sagrada, para sempre sepulcralmente fechada ao sentimento herético, à bárbara profanação dos sacrílegos.
    Assim é que eu sonhara surgirem todas essas aptidões, todas essas feições singulares, dolorosas, irrompendo de um alto princípio fundamental distinto em certos traços breves, mas igual, uno, perfeito e harmonioso nas grandes linhas gerais.
    Essa é que fora a lei secreta, que escapara à percepção de filósofos e doutos, do verdadeiro temperamento, alheio às orquestrações e aos incensos aclamatórios da turba profana, porém alheio por causa, por sinceridade de penetração, por subjetivismo mental sentido à parte, vivido à parte – simples, obscuro, natural –, como se a humanidade não existisse em torno e os nervos, a sensação, o pensamento tivessem latente necessidade de gritar alto, de expandir e transfundir no espaço, vivamente, a sua psicose atormentada.
    Assim é que eu via a Arte, abrangendo todas as faculdades, absorvendo todos os sentidos, vencendo-os, subjugando-os amplamente.
    Era uma força oculta, impulsiva, que ganhara já a agudeza picante, acre, de um apetite estonteante e a fascinação infernal, tóxica, de um fugitivo e deslumbrador pecado...

Cruz e Sousa

Assim é que eu a compreendia em toda a intimidade do meu ser, que eu sentia em toda a minha emoção, em toda a genuína expressão do meu Entendimento – e não uma espécie de iguaria agradável, saborosa, que se devesse dar ao público em doses e no grau e qualidade que ele exigisse, fosse esse público simplesmente um símbolo, um bonzo antigo, taciturno e cor de oca, uma expressão serôdia, o público A+B, cujo consenso a Convenção em letras maiúsculas decretara.

Afinal, em tese, todas as ideias em Arte poderiam ser antipáticas, sem preconcebimentos a agradar, o que não quereria dizer que fossem más.

No entanto, para que a Arte se revelasse própria, era essencial que o temperamento se desprendesse de tudo, abrisse voos, não ficasse nem continuativo nem restrito, dentro de vários moldes consagrados que tomaram já a significação representativa de *clichés* oficiais e antiquados.

Quanto a mim, originalmente foi crescendo, alastrando o meu organismo, numa veemência e num ímpeto de vontade que se manifesta, num dilúvio de emoção, esse fenômeno de temperamento que com sutilezas e delicadezas de névoas alvorais vem surgindo e formando em nós os maravilhosos encantamentos da Concepção.

O Desconhecido me arrebatara e surpreendera e eu fui para ele instintiva e intuitivamente arrastado, insensível então aos atritos da frivolidade, indiferente, entediado por índole diante da filáucia letrada, que não trazia a expressão viva, palpitante, da chama de uma fisionomia, de um tipo afirmativamente eleito.

Muitos diziam-se rebelados, intransigentes – mas eu via claro as *ficelles* dessa rebeldia e dessa intransigência. Rebelados, porque tiveram fome uma hora apenas, as botas rotas um dia. Intransigentes, por despeito, porque não conseguiam galgar as fúteis, para eles gloriosas, posições que os outros galgavam...

Era uma politicazinha engenhosa de medíocres, de estreitos, de tacanhos, de perfeitos imbecilizados ou cínicos, que faziam da Arte um jogo capcioso, maneiroso, para arranjar relações e prestígio no meio, de jeito a não ofender, a não fazer corar o diletantismo das suas ideias. Rebeldias e intransigências em casa, sob o teto protetor, assim uma espécie de ateísmo acadêmico, muito demolidor e feroz, com ladainhas e amuletos em certa hora para livrar da trovoada e dos celestes castigos imponderáveis!

Mas, uma vez cá fora à luz crua da Vida e do Mundo, perante o ferro em brasa da livre análise, mostrando logo as curvaturas mais respeitosas, mais gramaticais, mais clássicas, à decrépita Convenção com letras maiúsculas.

Um ou outro, pairando, no entanto, mais alto no meio, tinha manhas de raposa fina, argúcia, vivacidades satânicas, no fundo, frívolas, e que a maior parte, inteiramente oca, sem penetração, não sentia. Fechava sistematicamente os olhos para fingir não ver, para não sair dos seus cômodos pacatos de aclamado banal, fazendo esforço supremo de conservar a confusão e a complicação no meio, transtornar e estontear aquelas raras e adolescentes cabeças que por acaso aparecessem já com algum nebuloso segredo.

Um ou outro tinha a habilidade quase mecânica de apanhar, de recolher do tempo e do espaço as ideias e os sentimentos que, estando dispersos, formavam a temperatura burguesa do meio, portanto corrente já, e trabalhar algumas páginas, alguns livros, que por trazerem ideias e sentimentos homogêneos dos sentimentos e ideias burguesas, aqueciam, alvoroçavam, atordoavam o ar de aplausos...

Outros, ainda, adaptados às épocas, aclimados ao modo de sentir exterior; ou, ainda por mal compreendido ajeitamento, fazendo absoluta apostasia do seu sentir íntimo, próprio, iludidos em parte; ou, talvez, evidenciando com flagrância, traindo assim o fundo fútil, sem vivas, entranhadas raízes de sensibilidade estética, sem a ideal radicalização de sonhos ingenitamente fecundados e quinta-essenciados na alma, das suas naturezas passageiras, desapercebidas de certos movimentos inevitáveis da estesia, que imprimem, por fórmulas fatais, que arrancam das origens profundas, com toda a sanguinolenta verdade e por causas fugidias a toda e qualquer análise, tudo o quanto se sente e pensa de mais ou menos elevado e completo.

Mistificadores afetados de *canaillerie* por tom, por modernismos falhos apanhados entre os absolutamente fracos, os pusilânimes de têmpera no fundo, e que, no entanto, tanto aparentam correção e serena força própria.

Cruz e Sousa

Naturezas vacilantes e mórbidas, sem a integração final, sem mesmo o equilíbrio fundamental do próprio desequilíbrio e, ainda mais do que tudo, sem esse poder quase sobrenatural, sem esses atributos excepcionais que gravam, que assinalam de modo estranho, às chamejantes e intrínsecas obras d'Arte, o caráter imprevisto, extra-humano, do Sonho.

Hábeis *viveurs,* jeitosos, sagazes, acomodatícios, afetando pessimismos mais por desequilíbrio que por fundamento, sentindo, alguns, até a saciedade, a atropelação do meio, fingindo desprezá-lo, aborrecê-lo, odiá-lo, mas mergulhando nele com frenesi, quase com delírio, mesmo com certa volúpia maligna de frouxos e de nulos que trazem num grau muito apurado a faculdade animal do instinto de conservação, a habilidade de nadadores destros e intrépidos nas ondas turvas dos cálculos e efeitos convencionais.

Tal, desse modo, um prestidigitador ágil e atilado, colhe e prende, com as miragens e truques da nigromancia, a frívola atenção passiva de um público dócil e embasbacado.

Insipientes, uns, obscenamente cretinos, outros, devorados pela desoladora impotência que os torna lívidos e lhes dilacera os fígados, eu bem lhes percebo as psicologias subterrâneas, bem os vejo passar, todos, todos, todos, d'olhos oblíquos, numa expressão fisionômica azeda e vesga de despeito, como errantes duendes da Meia-Noite, verdes, escarlates, amarelos e azuis, em vão grazinando e chocalhando na treva os guizos das sarcásticas risadas...

Almas tristes, afinal, que se diluem, que se acabam, num silêncio amargo, numa dolorosa desolação, murchas e doentias, na febre fatal das desorganizações, melancolicamente, melancolicamente, como a decomposição de tecidos que gangrenaram, de corpos que apodreceram de um modo irremediável e não podem mais viçar e florir sob as refulgências e sonoridades dos finíssimos ouros e cristais e safiras e rubis incendiados do Sol...

Almas lassas, debochadamente relaxadas, verdadeiras casernas onde a mais rasgada libertinagem não encontra fundo; almas que vão cultivando com cuidado delicadas infamiazinhas como áspides galantes e curiosas e

Negro

que de tão baixas, de tão rasas que são nem merecem a magnificência, a majestade do Inferno!

Almas, afinal, sem as chamas misteriosas, sem as névoas, sem as sombras, sem os largos e irisados resplendores do Sonho – supremo Redentor eterno!

Tudo um ambiente dilacerante, uma atmosfera que sufoca, um ar que aflige e dói nos olhos e asfixia a garganta como uma poeira triste, muito densa, muito turva, sob um meio-dia ardente, no atalho ermo de vila pobre por onde vai taciturnamente seguindo algum obscuro enterro de desgraçado...

Eles riem, eles riem e eu caminho e sonho tranquilo! Pedindo a algum belo Deus d'Estrelas e d'Azul, que vive em tédios aristocráticos na Nuvem, que me deixe serenamente e humildemente acabar esta Obra extrema de Fé e de Vida!

Se alguma nova ventura conheço é a ventura intensa de sentir um temperamento, tão raro me é dado sentir essa ventura. Se alguma cousa me torna justo é a chama fecundadora, o eflúvio fascinador e penetrante que se exala de um verso admirável, de uma página de evocações, legítima e sugestiva.

O que eu quero, o que eu aspiro, tudo por quanto anseio, obedecendo ao sistema arterial das minhas Intuições, é a Amplidão livre e luminosa, todo o Infinito, para cantar o meu Sonho, para sonhar, para sentir, para sofrer, para vagar, para dormir, para morrer, agitando ao alto a cabeça anatematizada, como Otelo nos delírios sangrentos do Ciúme...

Agitando ainda a cabeça num derradeiro movimento de desdém augusto, como nos cismativos ocasos os desdéns soberanos do sol que ufanamente abandona a terra, para ir talvez fecundar outros mais nobres e ignorados hemisférios...

Pensam, sentem, estes, aqueles. Mas a característica que denota a seleção de uma curiosa natureza, de um ser d'arte absoluto, essa, não a sinto, não a vejo, com os delicados escrúpulos e suscetibilidades de uma flagrante e real originalidade sem escolas, sem regulamentações e métodos, sem *cotterie* e anais de crítica, mas com a força germinal poderosa de virginal afirmação viva.

Cruz e Sousa

D'alto a baixo, rasgam-se os organismos, os instrumentos da autópsia psicológica penetram por tudo, sondam, perscrutam todas as células, analisam as funções mentais de todas as civilizações e raças; mas só escapam à penetração, à investigação desses positivos exames, a tendência, a índole, o temperamento artístico, fugidios sempre e sempre imprevistos, porque são casos particulares de seleção na massa imensa dos casos gerais que regem e equilibram secularmente o mundo.

Desde que o Artista é um isolado, um esporádico, não adaptado ao meio, mas em completa, lógica e inevitável revolta contra ele, num conflito perpétuo entre a sua natureza complexa e a natureza oposta do meio, a sensação, a emoção que experimenta é de ordem tal que foge a todas as classificações e casuísticas, a todas as argumentações que, parecendo as mais puras e as mais exaustivas do assunto, são, no entanto, sempre deficientes e falsas.

Ele é o supercivilizado dos sentidos, mas como que um supercivilizado ingênito, transbordado do meio, mesmo em virtude da sua percuciente agudeza de visão, da sua absoluta clarividência, da sua inata perfectibilidade celular, que é o gérmen fundamental de um temperamento profundo.

Certos espíritos d'Arte assinalaram-se no tempo veiculado pela hegemonia das raças, pela preponderância das civilizações, tendo, porém, em toda a parte, um valor que era universalmente conhecido e celebrizado, porque, para chegar a esse grau de notoriedade, penetrou primeiro nos domínios do oficialismo e da *cotterie*.

Os de Estética emovente e exótica, os *gueux*, os requintados, os sublimes iluminados por um clarão fantástico, como Baudelaire, como Poe, os surpreendentes da Alma, os imprevistos missionários supremos, os inflamados, devorados pelo Sonho, os clarividentes e evocativos, que emocionalmente sugestionam e acordam luas adormecidas de Recordações e de Saudades, esses, ficam imortalmente cá fora, dentre as augustas vozes apocalípticas da Natureza, chorados e cantados pelas Estrelas e pelos Ventos!

Ah! benditos os Reveladores da Dor infinita! Ah! soberanos e invulneráveis aqueles que, na Arte, nesse extremo requinte de volúpia, sabem transcendentalizar a Dor, tirar da Dor a grande Significação eloquente e não amesquinhá-la e desvirginá-la!

A verdadeira, a suprema força d'Arte está em caminhar firme, resoluto, inabalável, sereno através de toda a perturbação e confusão ambiente, isolado no mundo mental criado, assinalando com intensidade e eloquência o mistério, a predestinação do temperamento.

É preciso fechar com indiferença os ouvidos aos rumores confusos e atropelantes e engolfar a alma, com ardente paixão e fé concentrada, em tudo o que se sente e pensa com sinceridade, por mais violenta, obscura ou escandalosa que essa sinceridade à primeira vista pareça, por mais longe das normas preestabelecidas que a julguem – para então assim mais elevadamente estrelar os Infinitos da grande Arte, da grande Arte que é só, solitária, desacompanhada das turbas que chasqueiam, da matéria humana doente que convulsiona dentro das estreitezas asfixiantes do seu torvo caracol.

Até mesmo, certos livros, por mais exóticos, atraentes, abstrusos, que sejam, por mais aclamados pela trompa do momento, nada podem influir, nenhuma alteração podem trazer ao sentimento geral de ideias que se constituíram sistema e que afirmam, de modo radical, mas simples, natural, por mais exagerado que se suponha, a calma justa das convicções integrais, absolutas, dos que seguem impavidamente a sua linha, dos que, trazendo consigo imaginativo espírito de Concepção, caminham sempre com tenacidade, serenamente, imperturbáveis aos apupos inofensivos, sem tonturas de fascinação efêmera, sentindo e conhecendo tudo, com os olhos claros levantados e sonhadores cheios de uma radiante ironia mais feita de demência, de bondade, do que de ódio.

O Artista é que fica muitas vezes sob o signo fatal ou sob a auréola funesta do ódio, quando no entanto o seu coração vem transbordando de Piedade, vem soluçando de ternura, de compaixão, de misericórdia, quando ele só parece mau porque tem cóleras soberbas, tremendas indignações, ironias divinas que causam escândalos ferozes, que passam por blasfêmias negras, contra a Infâmia oficial do Mundo, contra o vício hipócrita, perverso, contra o postiço sentimento universal mascarado de Liberdade e de Justiça.

Nos países novos, nas terras ainda sem tipo étnico absolutamente definido, onde o sentimento d'Arte é silvícola, local, banalizado, deve ser espantoso, estupendo o esforço, a batalha formidável de um temperamento fatalizado pelo sangue e que traz consigo, além da condição inviável do meio, a qualidade fisiológica de pertencer, de proceder de uma raça que a ditadora ciência d'hipóteses negou em absoluto para as funções do Entendimento e, principalmente, do entendimento artístico da palavra escrita.

Deus meu! Por uma questão banal da química biológica do pigmento ficam alguns mais rebeldes e curiosos fósseis preocupados, a ruminar primitivas erudições, perdidos e atropelados pelas longas galerias submarinas de uma sabedoria infinita, esmagadora, irrevogável!

Mas, que importa tudo isso?! Qual é a cor da minha forma, do meu sentir? Qual é a cor da tempestade de dilacerações que me abala? Qual a dos meus sonhos e gritos? Qual a dos meus desejos e febre?

Ah! esta minúscula humanidade, torcida, enroscada, assaltando as almas com a ferocidade de animais bravios, de garras aguçadas e dentes rijos de carnívoro, é que não pode compreender-me.

Sim! Tu é que não podes entender-me, não podes irradiar, convulsionar-te nestes efeitos com os arcaísmos duros da tua compreensão, com a carcaça paleontológica do Bom Senso.

Tu é que não podes ver-me, atentar-me, sentir-me, dos limites da tua toca de primitivo, armada do bordão simbólico das convicções pré-históricas, patinhando a lama das teorias, a lama das conveniências equilibrantes, a lama sinistra, estagnada, das tuas insaciáveis luxúrias.

Tu não podes sensibilizar-te diante destes extasiantes estados d'alma, diante destes deslumbramentos estesíacos, sagrados, diante das eucarísticas espiritualizações que me arrebatam.

O que tu podes, só, é agarrar com frenesi ou com ódio a minha Obra dolorosa e solitária e lê-la e detestá-la e revirar-lhe as folhas, truncar-lhe as páginas, enodoar-lhe a castidade branca dos períodos, profanar-lhe o tabernáculo da linguagem, riscar, traçar, assinalar, cortar com dísticos estigmatizantes, com labéus obscenos, com golpes fundos de blasfêmia as violências da intensidade, dilacerar, enfim, toda a Obra, num ímpeto covarde de impotência ou de angústia.

Mas, para chegares a esse movimento apaixonado, dolorido, já eu antes terei, por certo – eu o sinto, eu o vejo! – te arremessado profundamente, abismantemente pelos cabelos a minha Obra e obrigado a tua atenção comatosa a acordar, a acender, a olfatar, a cheirar com febre, com delírio, com cio, cada adjetivo, cada verbo que eu faça chiar como um ferro em brasa sobre o organismo da Ideia, cada vocábulo que eu tenha pensado e sentido com todas as fibras, que tenha vivido com os meus carinhos, dormido com os meus desejos, sonhado com os meus sonhos, representativos integrais, únicos, completos, perfeitos, de uma convulsão e aspiração supremas.

Não conseguindo impressionar-te, afetar-te a bossa intelectiva, quero ao menos sensacionar-te a pele, ciliciar-te, crucificar-te ao meu estilo, desnudando ao sol, pondo abertas e francas, todas as expressões, nuances e expansibilidades deste amargurado ser, tal como sou e sinto.

Os que vivem num completo assédio no mundo, pela condenação do Pensamento, dentro de um báratro monstruoso de leis e preceitos obsoletos, de convenções radicadas, de casuísticas, trazem a necessidade inquieta e profunda de como que traduzir, por traços fundamentais, as suas faces, os seus aspectos, as suas impressionabilidades e, sobretudo, as suas causas originais, vindas fatalmente da liberdade fenomenal da Natureza.

Ah! Destino grave, de certo modo funesto, dos que vieram ao mundo para, com as correntes secretas dos seus pensamentos e sentimentos, provocar convulsões subterrâneas, levantar ventos opostos de opiniões, mistificar a insipiência dos adolescentes intelectuais, a ingenuidade de certas cabeças, o bom senso dos cretinos, deixar a oscilação da fé, sobre a missão que trazem, no espírito fraco, sem consistência de crítica própria, sem impulsão original para afirmar os Obscuros que não contemporizam, os Negados que não reconhecem a Sanção oficial, que repelem toda a sorte de conchavos, de compadrismos interesseiros, de aplausos forjicados, por limpidez e decência e não por frivolidades de orgulhos humanos ou de despeitos tristes.

Cruz e Sousa

  Ah! Destino grave dos que vieram ao mundo para ousadamente deflorar as púberes e cobardes inteligências com o órgão másculo, poderoso da Síntese, para inocular nas estreitezas mentais o sentimento vigoroso das Generalizações, para revelar uma obra bem fecundada de sangue, bem constelada de lágrimas, para, afinal, estabelecer o choque violento das almas, arremessar umas contra as outras, na sagrada, na bendita impiedade de quem traz consigo os vulcanizadores Anátemas que redimem.
  O que em nós outros Errantes do Sentimento flameja, arde e palpita, é esta ânsia infinita, esta sede santa e inquieta, que não cessa, de encontrarmos um dia uma alma que nos veja com simplicidade e clareza, que nos compreenda, que nos ame, que nos sinta.
  É de encontrar essa alma assinalada pela qual viemos vindo de tão longe sonhando e andamos esperando há tanto tempo, procurando-a no Silêncio do mundo, cheios de febre e de cismas, para no seio dela cairmos frementes, alvoroçados, entusiastas, como no eterno seio da Luz imensa e boa que nos acolhe.
  É esta bendita loucura de encontrar essa alma para desabafar ao largo da Vida com ela, para respirar livre e fortemente, de pulmões satisfeitos e límpidos, toda a onda viva de vibrações e de chamas do Sentimento que contivemos por tanto e tão longo tempo guardada na nossa alma, sem acharmos uma outra alma irmã à qual pudéssemos comunicar absolutamente tudo.
  E quando a flor dessa alma se abre encantadora para nós, quando ela se nos revela com todos os seus sedutores e recônditos aromas, quando afinal a descobrimos um dia, não sentimos mais o peito opresso, esmagado: – uma nova torrente espiritual deriva do nosso ser e ficamos então desafogados, coração e cérebro inundados da graça de um divino amor, bem pagos de tudo, suficientemente recompensados de todo o transcendente Sacrifício que a Natureza heroicamente impôs aos nossos ombros mortais, para ver se conseguimos aqui embaixo na Terra encher, cobrir este abismo do Tédio com abismos da Luz!
  O mundo, chato e medíocre nos seus fundamentos, na sua essência, é uma dura fórmula geométrica. Todo aquele que lhe procura quebrar as

Negro

hirtas e caturras linhas retas com o poder de um simples Sentimento desloca de tal modo elementos de ordem tão particular, de natureza tão profunda e tão séria que tudo se turba e convulsiona; e o temerário que ousou tocar na velha fórmula experimenta toda a Dor imponderável que esse simples Sentimento responsabiliza e provoca.

Eu não pertenço à velha árvore genealógica das intelectualidades medidas, dos produtos anêmicos dos meios lutulentos, espécies exóticas de altas e curiosas girafas verdes e spleenéticas de algum maravilhoso e babilônico jardim de lendas...

Num impulso sonâmbulo para fora do círculo sistemático das Fórmulas preestabelecidas, deixei-me pairar, em espiritual essência, em brilhos intangíveis, através dos nevados, gelados e peregrinos caminhos da Via Láctea...

E é por isso que eu ouço, no adormecimento de certas horas, nas moles quebreiras de vagos torpores enervantes, na bruma crepuscular de certas melancolias, na contemplatividade mental de certos poentes agonizantes, uma voz ignota, que parece vir do fundo da Imaginação ou do fundo mucilaginoso do Mar ou dos mistérios da Noite – talvez acordes da grande Lira noturna do Inferno e das harpas remotas de velhos céus esquecidos, murmurar-me:

– "Tu és dos de Cam, maldito, réprobo, anatematizado! Falas em Abstrações, em Formas, em Espiritualidades, em Requintes, em Sonhos! Como se tu fosses das raças de ouro e da aurora, se viesses dos arianos, depurado por todas as civilizações, célula por célula, tecido por tecido, cristalizado o teu ser num verdadeiro cadinho de ideias, de sentimentos – direito, perfeito, das perfeições oficiais dos meios convencionalmente ilustres! Como se viesses do Oriente, rei!, em galeras, dentre opulências, ou tivesses a aventura magna de ficar perdido em Tebas, desoladamente cismando através de ruínas; ou a iriada, peregrina e fidalga fantasia dos Medievos, ou a lenda colorida e bizarra por haveres adormecido e sonhado, sob o ritmo claro dos Astros, junto às priscas margens venerandas do Mar Vermelho!

Artista! Pode lá isso ser se tu és d'África, tórrida e bárbara, devorada insaciavelmente pelo deserto, tumultuando de matas bravias, arrastada sangrando no lodo das Civilizações despóticas, torvamente amamentada com o leite amargo e venenoso da Angústia! A África arrebatada nos ciclones torvelinhantes das Impiedades supremas, das Blasfêmias absolutas, gemendo, rugindo, bramando no caos feroz, hórrido, das profundas selvas brutas, a sua formidável Dilaceração humana! A África laocoôntica, alma de trevas e de chamas, fecundada no Sol e na Noite, errantemente tempestuosa como a alma espiritualizada e tantálica da Rússia, gerada no Degredo e na Neve – polo branco e polo negro da Dor!

Artista?! Loucura! Loucura! Pode lá isso ser se tu vens dessa longínqua região desolada, lá no fundo exótico dessa África sugestiva, gemente, Criação dolorosa e sanguinolenta de Satãs rebelados, dessa flagelada África, grotesca e triste, melancólica, gênese assombrosa de gemidos, tetricamente fulminada pelo banzo mortal; dessa África dos Suplícios, sobre cuja cabeça nirvanizada pelo desprezo do mundo Deus arrojou toda a peste letal e tenebrosa das maldições eternas!

A África virgem, inviolada no Sentimento, avalanche humana amassada com argilas funestas e secretas para fundir a Epopeia suprema da Dor do Futuro, para fecundar talvez os grandes tercetos tremendos de algum novo e majestoso Dante negro!

Dessa África que parece gerada para os divinos cinzéis das colossais e prodigiosas esculturas, para as largas e fantásticas Inspirações convulsas de Doré – Inspirações inflamadas, soberbas, choradas, soluçadas, bebidas nos Infernos e nos Céus profundos do Sentimento humano.

Dessa África cheia de solidões maravilhosas, de virgindades animais instintivas, de curiosos fenômenos de esquisita Originalidade, de espasmos de Desespero, gigantescamente medonha, absurdamente ululante – pesadelo de sombras macabras – visão valpurgiana de terríveis e convulsos soluços noturnos circulando na Terra e formando, com as seculares, despedaçadas agonias da sua alma renegada, uma auréola sinistra, de lágrimas e sangue, toda em torno da Terra...

Não! Não! Não! Não transporás os pórticos milenários da vasta edificação do Mundo, porque atrás de ti e adiante de ti não sei quantas gerações foram acumulando, acumulando pedra sobre pedra, pedra sobre pedra, que para aí estás agora o verdadeiro emparedado de uma raça.

    Se caminhares para a direita baterás e esbarrarás ansioso, aflito, numa parede horrendamente incomensurável de Egoísmos e Preconceitos! Se caminhares para a esquerda, outra parede, de Ciências e Críticas, mais alta do que a primeira, te mergulhará profundamente no espanto! Se caminhares para a frente, ainda nova parede, feita de Despeitos e Impotências, tremenda, de granito, broncamente se elevará ao alto! Se caminhares, enfim, para trás, ah! ainda, uma derradeira parede, fechando tudo, fechando tudo – horrível! parede de Imbecilidade e Ignorância, te deixará num frio espasmo de terror absoluto...

    E, mais pedras, mais pedras se sobreporão às pedras já acumuladas, mais pedras, mais pedras... Pedras destas odiosas, caricatas e fatigantes Civilizações e Sociedades... Mais pedras, mais pedras! E as estranhas paredes hão de subir – longas, negras, terríficas! Hão de subir, subir, subir mudas, silenciosas, até as Estrelas, deixando-te para sempre perdidamente alucinado e emparedado dentro do teu Sonho..."

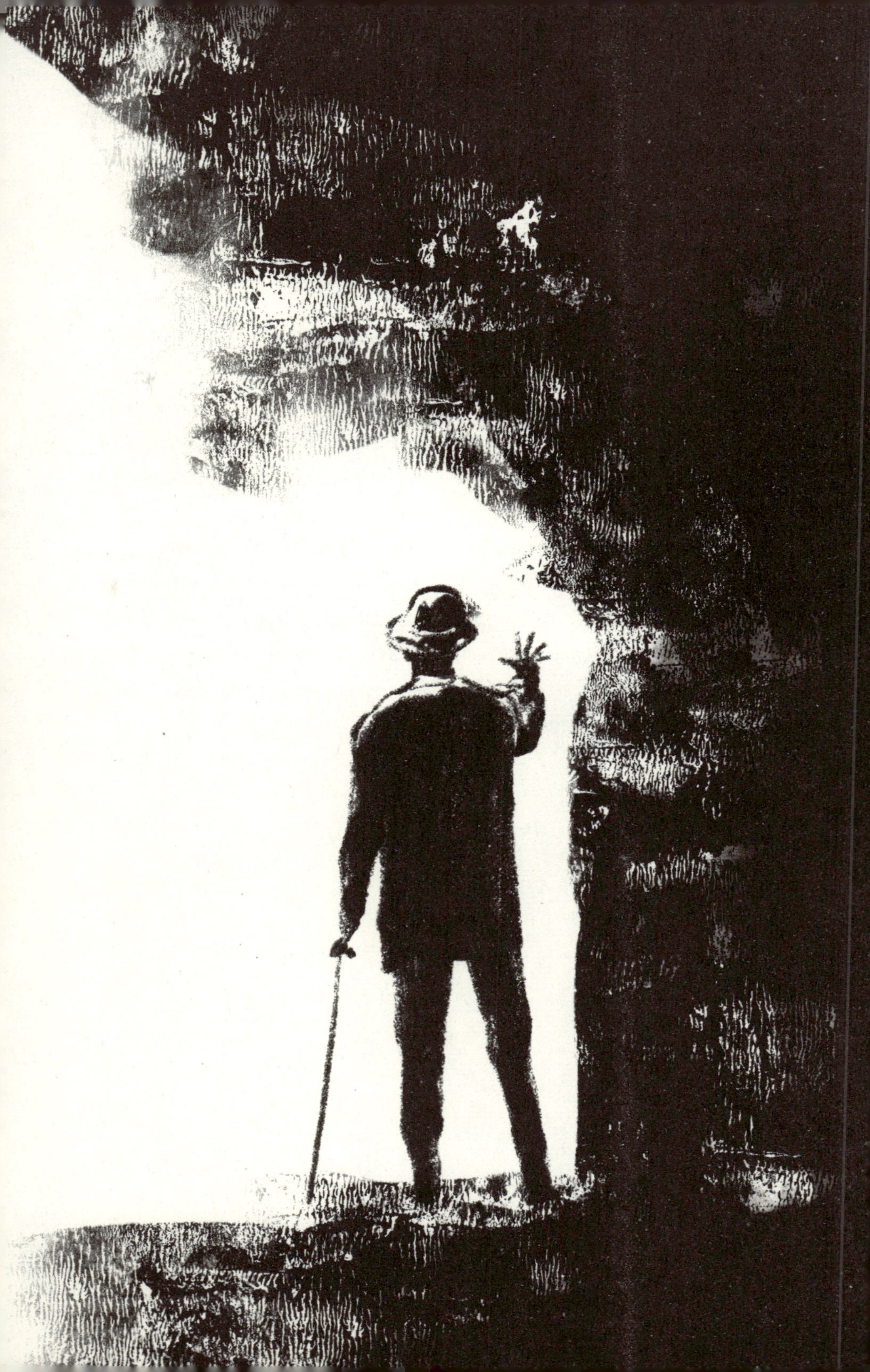

Negro

À Sociedade Carnavalesca Diabo a Quatro

Desterro, 31 de maio de 1887.
Ilmos. Srs.

Cumpre-me responder ao ofício de Vv. Ss. que me foi dirigido em data de 20 deste mês. Agradecendo, sumamente penhorado, as amabilidades cavalheirosas e distinções que no aludido ofício me fazem, cabe-me a ocasião de cumprimentar, de saudar altamente, com um largo sopro de retumbante clarim de aplauso, a digna e prestimosíssima Sociedade Carnavalesca *Diabo a Quatro* à qual Vv. Ss. estão agremiados, pela ideia grandiosa e simpática que tem de tratar de promover a libertação dos cativos desta capital. A Sociedade *Diabo a Quatro*, que ri, que solta a gargalhada do bom humor que abre nos corações de todos, ao sol da ideia, a luminosa e resplandecente flor da alegria nos dias do seu curto mas pitoresco reinado de galhofa e de crítica – os dias de carnaval – definiu e ampliou mais a alma franca e forte que costuma ter nas festas de Momo, dando a essa alma toda a amplidão serena da Liberdade.

Eu faço significar, com toda a lealdade, o meu aplauso a essa estimável corporação, e ponho ao seu dispor e ao dispor da bela causa dos tristes, não só a minha insignificante e deslustrada pena, não só o meu pequenino préstimo intelectivo, mas todo o meu coração de patrício, que é para estes casos, o fator absoluto, aberto como um estandarte de paz e de democracia. A sociedade *Diabo a Quatro* que tenha sempre como divisa de

Cruz e Sousa

luta este princípio filosófico e político de um economista inglês: "Destruir para organizar". – Deus Guarde a Vv. Ss. – Ilms. Srs. Manoel J. da Silveira Bittencourt e mais dignos auxiliares da Diretoria da Sociedade Carnavalesca *Diabo a Quatro*.

Cruz e Sousa.

Negro

A Germano Wendhausen

Desterro, 02 de abril de 1888.
Caríssimo e nobre amigo
Germano Wendhausen

Venho, mais uma vez, valer-me da sua proteção, da generosidade dos seus sentimentos, pedindo-lhe que me faça a gentileza de me ouvir. Ilustre amigo, não sei se sabe ou não a situação difícil da minha vida nem o estado de fatalidade em que me acho; no entretanto, acreditando-me um indivíduo sério e leal, dará a atenção devida às minhas palavras.

Acontece que, por largo espaço de tempo, me tenho visto embaraçado, muito afogado de lutas, achando sempre contrariedades em tudo que proponho fazer para melhorar de estado, para trabalhar, ter um futuro mais garantido e seguro, não encontrando nunca o auxílio de ninguém. Como deve saber, na *Tribuna Popular,* onde escrevo, nada me dão, nem eu o exijo porque não o podem fazer, e eu estou ali, apenas, para ajudar o Lopes, porque o faço generosamente, de coração aberto, com dedicação e simpatia, e mesmo, pela grande causa abolicionista que nós todos defendemos com desinteresse e honra. Já vê o meu nobre amigo que, nas dificuldades em que estou, tenho absoluta necessidade de procurar destino. Assim, tendo já deliberado a minha viagem para a Corte, venho valer-me do seu prestígio e da sua generosidade jamais desmentidos pedindo-lhe encarecidamente para influir com o seu amigo e correligionário Virgílio Villela sobre uma passagem, ou, no caso de ser isso absolutamente impossível, embora o meu excelente amigo envide os seus esforços, fazer-me o supremo obséquio de me emprestar 50$000 réis para eu poder transportar-me, pois, fica na honestidade do meu caráter e do meu brio satisfazer-lhe essa importância desde que o trabalho me garanta mais poderes para isso.

    Bem sei que já o ocupei e que me serviu tão bondosamente, com tanta consideração e apreço, mas, no estado em que vivo não vejo a quem recorrer senão à sua prestimosa individualidade.

    Sabe Deus quanto me custa e quanto a minha dignidade se vê abatida por me ver obrigado a fazer-lhe tal pedido! Mas acredite o sr. Germano Wendhausen que em mim terá sempre um rapaz sincero, franco e leal, daqueles que não abusam e que sabem ser gratos. Só a sua pessoa me pode valer, e eu a ela me dirijo com confiança, em nome de sua veneranda mãe.

    Disponha sempre de um amigo firme, que fará mais e mais por se tornar digno da sua estima e consideração que tanto distinguem as pessoas que têm a felicidade de as possuir.

Cruz e Sousa

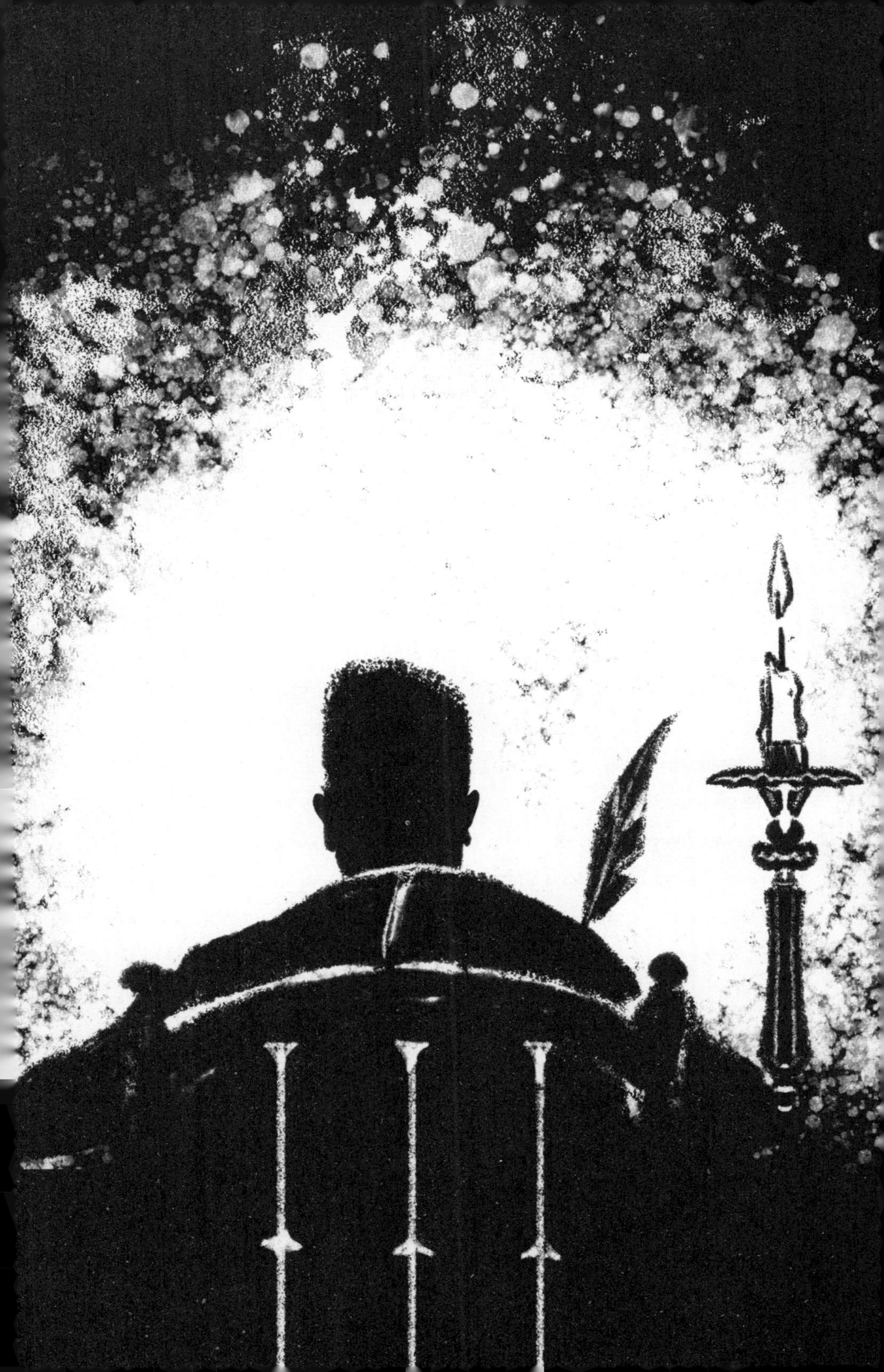

A Virgílio Várzea

Corte, 8 de janeiro de 1889.
Adorado Virgílio

Estou em maré de enjoo físico e mentalmente fatigado. Fatigado de tudo: de ver e ouvir tanto burro, de escutar tanta sandice e bestialidade e de esperar sem fim por acessos na vida, que nunca chegam. Estou fatalmente condenado à vida de miséria e sordidez, passando-a numa indolência persa, bastante prejudicial à atividade do meu espírito e ao próprio organismo que fica depois amarrado para o trabalho.

Não sei onde vai parar esta coisa. Estou profundamente mal, e só tenho a minha família, só te tenho a ti, a tua belíssima família, o Horácio e todos os outros nobres e bons amigos, que poucos são. Só dessa linda falange de afeições me aflige estar longe e morro, sim de saudades. Não imaginas o que se tem passado por meu ser, vendo a dificuldade tremendíssima, formidável em que está a vida no Rio de Janeiro. Perde-se em vão tempo e nada se consegue. Tudo está furado, de um furo monstro. Não há por onde seguir. Todas as portas e atalhos fechados ao caminho da vida, e, para mim, pobre artista ariano, ariano sim porque adquiri, por adoção sistemática, as qualidades altas dessa grande raça, para mim que sonho com a torre de luar da graça e da ilusão, tudo vi escarnecedoramente, diabolicamente, num tom grotesco de ópera bufa.

Quem me mandou vir cá abaixo à terra arrastar a calceta da vida! Procurar ser elemento entre o espírito humano?! Para quê? Um triste negro, odiado pelas castas cultas, batido das sociedades, mas sempre batido, escorraçado de todo o leito, cuspido de todo o lar como um leproso sinistro!

Negro

Pois como! Ser artista com esta cor! Vir pela hierarquia de Eça, ou de Zola, generalizar Spencer ou Gama Rosa, ter estesia artística e verve, com esta cor? Horrível!

És um coração partido, acabo de saber pela tua chorosa carta.

Broken heart! Broken heart!

A tua Lilly emigrou, doce pássaro d'amor, para esta tumultuosa cidade.

Hoje vou vê-la e à mãe e as flores que elas espalharam pela tua lembrança e pelo teu coração, eu farei com que cheguem ainda vivas e cheirosas junto de ti. Quero ver como essa avezinha escocesa trina de amor e saudade...

Adeus! Saudades infinitas à tua encantadora família, e que eu lhe desejo bons anos de ouro e de festas alegríssimas no meio da mais soberana das satisfações.

Abraços no celestial Horácio, no Araújo, no Jansen e no digno Lopes da nossa *Tribuna* e no excelente e adorabilíssimo Bithencourt.

Veste o *croisé* e vai, por minha parte, apresentar pêsames sinceros e honestos às tuas Exmas. primas, pela morte do cavalheiro, do limpo homem de distinção José Feliciano Alves de Brito. Não te esqueças. Honra-me por esse modo delicado e gentil. Abraça-te terrivelmente saudoso.

Cruz e Sousa

Cruz e Sousa

A Araújo Figueredo

Ondina, abril, de tarde, 2, de 90.
Meu querido poeta

Não! Nem canalha, nem mulato, nem ingrato! Não julgues, meu madrigalesco sonhador, que eu sou o vidro de cheiro, na frase do Várzea, do Rodolfinho Oliveira; ele, sim, palito humano, como é, é quem deve ter raivas fáceis e banais ao não receber cartas tuas. E até tu dando-me zangas e canseiras caixeirais pelas demoras de notícias tuas em cartas tuas, igualas-me, comparas-me, muito naturalmente e muito logicamente como o vidrinho de cheiro. Mas, *vade retro,* Araújo! como o outro que dizia – *Vade retro,* Fradique. Jamais me parecerei com o Rodolfinho: nem nas unhas.

Eu claramente sei o que são os atropelos de chegada e depois gozos e gostos de provinciano largamente impulsionados e vibrados numa grande capital como esta em que agora vives lordificado e regalado... Assim, claramente sei também, e vivamente sinto também, que em tais cidades, o rumor, sol alto dos assuntos mais inauditos, inflamam, queimam, incendeiam qualquer provinciano, tanto mais quando o provinciano, como tu, tem qualidades e sentimentos de arte.

Portanto, sabendo tu do meu espírito, da visão que tenho das coisas, fútil, grandemente fútil foi começares os teus linguaços de correspondência, em data de 15 do que acabou, com aquela suposição de lamuriosas queixas.

No mais, não: a tua carta vem arejada, com ar de outros ares, como se o teu viver fosse de dentro de uma toca transportado a um alto castelo situado no mar...

Negro

Sim senhor! Adoro-lhe as atitudes, a maneira livre, a nota que tem tomado no Rio. – Belo Rio esse, que tão cristalinas águas saudáveis possui para duchar os poetas!

Quanto ao perguntar se podes mandar correspondência para a *Tribuna* – achas outra pergunta de muletas. Para que interrogações? Corrija-se disso.

Manda, manda tudo! Manda a cabeça do Castro Lopes com arroz; do Mello Moraes, com batatas; do Gastão Bousquet, com abóboras; do Soares de Sousa Júnior, com quiabos; do Gregório de Almeida, com linguiça; do Barão de Paranapiacaba, com pepinos; do Taunay, com cenouras; do Rangel Sampaio, com feijões; manda, manda todos esses caracteres verdes, manda tudo, que quero empanturrar, fazer rebentar de comedorias a terra.

Isto, em blague; agora sem blague:

Saberás ou já sabes? que por maio sigo para aí e conto morar contigo. Nada digas sobre essa resolução ao Oscar. Depois ele o saberá. Convém-me mais morar contigo enquanto não tiver ocupação segura. Por isso apronta-te para receber-me que no princípio d'aquele mês, ou por meados dele, lá estarei, num impulso de verve, a chicotear esses literatos de sapatos, que aí também os há, e a abraçar-te fortemente, amorosamente, num longo abraço espiritual, a ti e ao Oscar.

Adeus! Florzinha! Só me punge agora a dor de não ter uns beijuzitos da titia para mandar-te como recuerdo...

Manda a correspondência, mas coisa com jeito, e escreve-me, como na cantiga, ao menos uma vez na vida.

Até a volta.

Teu

Cruz e Sousa